U0019545

THE SOULFUL ART OF
PERSUASION

The 11 Habits That Will Make Anyone a Master Influencer

深度說服力

培養11項讓人打從心底認同你的人格特質

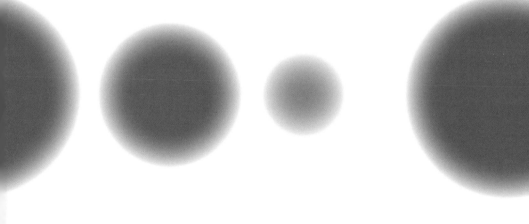

傑森哈里斯
Jason Harris

張美惠———譯

◇ 目錄

第 3 章　絕對不要只想著成交

原則
2 **慷慨**

第 4 章　樂於付出

原則 4　深度

第 10 章　琢磨技能很重要

第 11 章　找到鼓舞你的人

前言

　　這年頭變得很難知道誰才可以信任。

　　現在你打開螢幕，動不動就會被僞裝過的義憤、假新聞、網路釣魚、彈出式廣告或某種愚蠢的網路內容所襲擊。民眾對政府和主流媒體的信任度降到歷史低點。[1] 如果有任何人曾盲目信任矽谷巨擘，如臉書和谷歌，現在也不相信了。[2] 至少有一項民調結果顯示，多數美國人甚至不信任民調。[3]

　　所以，在這樣一個沒有人有理由信任你的環境——甚至根本是積極尋找理由來懷疑你——你要如何說服他人？這是我在專業領域中一直努力克服的挑戰。因爲有一點很清楚：美國人就是不信任我這一行。

　　身爲創意廣告公司 Mekanism 的執行長，我從事的是世界上最不被信任的行業之一。根據蓋洛普的一項調查，只有兩種人被認爲比廣告人更不誠實，那就是二手車銷售員和國會議員。[4] 和這些可疑的人並列可不太妙。

　　這些態度很能說明影響力在現代社會的特殊之處。因爲這三種行業若說有什麼共通點，就是全部都屬於說服業。當你想像有人專門靠說服別人生活，腦中立刻會浮現兩種人。

　　一種是油嘴滑舌、說話很快的狡猾騙子，就像獲得普立茲獎的劇作《大亨遊戲》（*Glengarry Glen Ross*）裡拼命要賺錢

的房仲。這種人會說任何你想聽的話,只求成交。他們仰賴模糊的承諾、語言技巧、字小到看不見的規定來隱藏事實,常常很煩人地一再叫喚你的名字,彷彿和你很熟。還會故意表現得很隨和,過度注意自己的表現,工於算計,拼命要討好你,簡而言之,**沒有人性的溫度**。我們不會想要向這種人購買任何東西,只會拼命想出各種藉口拒絕。

另一種極端是意識形態很強烈或喋喋不休的人,這種人對自己的觀點確信不疑,認為不贊同他的人不是愚蠢就是危險人物。你只要想想有線新聞裡偏袒特定黨派的人和網路上的白目鄉民、華盛頓的遊說者、電台談話節目的假知識分子就明白了。這一類人遍布所有的政治光譜,而他們只能說服一種人,那就是同溫層。

身為廣告公司的領導者,我發現自己每天都在對抗這些成見。但我還是能憑藉說服力建立起我的事業,不論是說服消費者購買某種產品或服務、說服客戶聘用我們公司並持續合作、說服潛在員工一起打拼,或說服現在的員工創造最佳成績。要做到這些很不容易,何況在這個行業,要說服別人可是得接受你想像得到的最嚴格檢視。

我的祕訣是什麼?我發現在今日社會只有一個方法有效,你必須與這兩種人恰恰相反:一種是讓人心懷戒備的滑頭銷售員,一種是自欺欺人的吹牛大王。你要做一個別人可以信任、理解、有時候甚至被你感動的人。

換句話說，你必須很有深度。

這就是本書背後的最重要觀念。這個觀念建立在一個簡單的觀察上：別人是否能說服你，和他的用語或立場不太有關係，和他真正是哪一種人比較有關。

具說服力的人不善於以花言巧語哄騙聽眾或弄懂別人喜歡聽什麼。這樣的人具備某種特質，自然會促使我們想要站在他那一邊，願意信任他，不論議題是什麼，因為他的說服力來自他的**真摯情感**。

因此，這樣的人所發揮的影響力遠比只講道理更強大。邏輯論辯會**迫使**我們接受某種結論，不論喜不喜歡，但有深度的說服會**吸引**我們向某種立場靠攏。讓人心服口服靠的是**吸引人**而不是**堅持立場**，而且這確實可以透過學習與練習來養成習慣。

我不會告訴你如何成交或快速銷售的各種竅門，但**我會告訴你**如何培養個人的習慣，讓你成為那種別人會信任、會向你徵詢建議、想要和你合作的人。

簡而言之，我會告訴你如何培養更具說服力的**性格特質**。

性格是一個人透過思想、情緒反應、言行舉止所表現出一貫的特質、傾向和美德，這些特質能代表你是哪一種人。要培養具說服力的性格，必須學習某些特質、思想習慣、待人處事的作風，當你將這些內化成你的一部分，必然會成為更有影響力的人。

◇ 四大原則

　　讓你更有說服力的性格可分解爲四大類。

　　第一類，具說服力的人是**獨特的**。他說話時，你會感覺那是眞誠發自內心的，讓你可以窺見眞實獨特的那個人，而不是爲了取悅你而預先包裝好的版本。一個人若具備這種美德，他的思想和言行都是源自對自我的深刻了解，總是表現眞實的自己，而且他會與人建立深刻長遠的關係，而不是只爲了獲得短期的利益。

　　第二，具說服力的人很**慷慨**。他會習慣性地付出而不求回報。我說的不只是金錢或實質的禮物。具說服力的人也會慷慨給予建議、機會、引介、尊重和正向情緒，你永遠不會覺得他只爲自己設想。

　　第三，具說服力的人富**同理心**。他會對別人自然感到好奇，與人談話總是很投入，不會停留在閒聊層次，而會在對方感覺眞正有意義的主題上深入交流。這種人是很好的合作夥伴，他看重的是人性的共通點，而不是彼此的差異。

　　最後一點，具說服力的人是**有深度**的。他會遵循自己設定的道德與個人標準，永遠努力變得更好，也激勵別人超越平常的侷限。這種人能鼓舞周遭的人，散發個人的權威感，自然能發揮影響力。

　　我會詳細探討這四大原則，特別把重點放在這四大原則衍生出來的十一種習慣，分析這些習慣如何讓人更有說服力，以

及我們每個人要如何培養與強化這些習慣。

　　我的目標是幫助讀者將某些特質、觀點和傾向融入你的生活，成為反射性、習慣性的一部分。如此，當你展現同理心、慷慨或深度等特質，周遭的人會明顯知道他窺見了你的性格，即使這個體認可能是潛意識的。

　　每個人都有自己天生的優缺點，因此你可能會覺得某些篇章對你更有用。例如天生富同理心的讀者便不需要花太多時間強化這部分的性格。

　　使用本書的最佳方式是誠實面對自己有哪些特質最需要改進，專注做那些對你最有幫助的練習。

🔲 重現有深度的說服

　　「說服」並不是真地讓人感到窩心的詞，帶點預設含意，多數人會聯想到欺騙或某種脅迫。負面的說服當然是可能的。事實上你隨處可以看到這類「說服」，表現的形式包括販賣恐懼、政治攻擊廣告、「我們 VS 他們」的論調。

　　我所屬的產業（廣告業）當然要為「說服」所蒙受的惡名承擔一些責任。

　　但說服也可以是正面的、樂觀向上的──也就是說，可以是**有深度的**。

　　如果你努力做一個獨特、慷慨、富同理心、有深度的人，我相信你一定會營造更充實、更有意義的人生，體驗到滿滿的

成就感，成為更快樂、更正面的人。

　　這些性格特質會讓你在很多情況下更有影響力，雖然這是附帶的益處，但並不會改變一個事實：任何人若希望更有影響力——不論是在家庭、職場、朋友之間或甚至是更廣大的世界——都應該重視上述原則。

　　當別人被你的性格說服，通常都是受到他本身最好的一面所驅使。好比他意識到人性的共通點，願意從不同的角度看事情，體認到樂觀的可能，想要依循正向情緒行事。

　　當前的文化充斥政治兩極化、網路同溫層、部落主義等，顯然嚴重欠缺說服的文化。我們若要超越彼此的歧異，找到方法更和諧地生活在一起，就必須提升說服彼此的能力。

　　同時，現代社會也比以前更凸顯品格的重要。過去，人們面對歧視、厭女、種族主義等問題總是避而不談，但經過這幾年的文化變遷，現在這些表現都會被大聲譴責。品格的欠缺足以終結一個人的事業，這讓我們更有理由在探討說服力時將品格擺在最前面。

　　本書的目標讀者包括企業家、有意創業的人、主管、創意人士以及任何想要利用說服力讓同事、同儕、客戶、朋友、家人認同其觀點的人。畢竟，我們每個人在某種層次上都在從事說服業。

　　當然，你無法偽裝成一個具有說服力的人，正如你無法偽裝你是一個偉大的古典鋼琴家、罰球神射手或神經外科醫師一樣。但任何人都可以學習更具說服力。我自己在競爭激烈的廣

告業待了二十多年，也是在過程中慢慢學習。

　　你手上的這本書會幫助你成為更具說服力的人。

獨特

一個人若真正具有說服力，我們決不會懷疑他的話是否出自真心。即使我們和他意見不同，仍會知道他支持某種原則，而且不怕顯露他的真性情和價值觀。

　　這種人在乎忠於自我更甚於讓別人點頭或相信他有多棒，或讓老闆留下好印象，或多成交幾筆生意，或辯贏別人。因此表現獨特真實的自己是培養說服力的必要元素。

　　按照定義，做自己就是不虛偽。當你願意顯露本色，別人會更願意聽你的看法，相信你的話，在具爭議性的議題上站在你這一邊。

　　當一個人抬頭挺胸做自己，我們會直覺知道他是值得我們忠誠支持的人……是的，你猜對了，也值得和他做生意。

第一章

轉身面對奇異的自己

所以我轉身面對自己，

卻從來不曾瞥見，

別人眼中的虛偽面具，

我的腳步太匆匆，

來不及自我檢驗。

——大衛・鮑伊（David Bowie），《變》（Changes）

大衛‧鮑伊一直是我的偶像。再沒有人比他更認真遵循（一般認為出自）王爾德的勸告：「做你自己，因為其他人的位置都被占光了。」鮑伊縱橫音樂、時尚、娛樂業半世紀以上，從來沒有停止探索自己，不斷找尋新的方法以他那套性別彎折（gender-bending）、音樂融合的創意激勵別人。最重要的，鮑伊這個典範讓我和許多人了解，我們可以盡情展現古怪但出色的特質。他讓每個人都可以自在擁抱奇異的自我。

我成長於一九八〇年代，剛好跟上鮑伊第二、三波的作品。《我們來跳舞吧》（*Let's Dance*）、《中國女孩》（*China Girl*）、《壓力下的人生》（*Under Pressure*）是最早引起我注意的暢銷曲：「讓我們盡情搖擺／你的臉龐閃耀光彩／讓我們盡情搖擺／舞過人群到廣闊的天地」鮑伊對我的影響很大。我為他的獨一無二深深折服，也被他的故事說服，有時甚至會整晚不睡，沉浸在他的每一首經典歌曲。他的專輯融合了驚人的多元類型，從藝術搖滾到華麗搖滾到後龐克、電音、硬式搖滾、爵士、新浪潮，甚至還不幸地融合了迪斯可。簡直無所不包。

不是只有我迷戀鮑伊，畢竟他是史上賣得最好的唱片歌手之一。沒有鮑伊，就不會有治療樂隊（Cure）、U2、路‧瑞德（Lou Reed）、歡樂分隊（Joy Division）、液晶大喇叭（LCD Soundsystem）或甚至女神卡卡（Lady Gaga）。《滾石》雜誌最近封他為「曾經降臨地球或任何星球的最偉大搖滾巨星」。[1]

但鮑伊最吸引人的絕不只有《變》、《塵歸塵》（*Ashes to*

Ashes）等作品，而是鮑伊這個人——或者說齊格星塵（Ziggy Stardust）、清醒的阿拉丁（Aladdin Sane）、瘦白公爵（the Thin White Duke）或他的無數另一個自我（alter egos）。大衛·羅伯·瓊斯（David Robert Jones）在成爲鮑伊之前是一個辛苦掙扎的音樂人，從一個樂團流浪到另一個樂團，創作一連串沒人要買的單曲。即使改名爲鮑伊後，第一張個人專輯也乏人問津。我們不難看出問題所在：那時期的鮑伊還在嘗試融入他認爲別人要他扮演的角色。不論是翻唱藍調或民謠，聽起來都像是已經聽過的東西，感覺太熟悉了。

你猜結果如何？這個鮑伊讓每個人避之惟恐不及。

但到了一九六九年，他在美國航太總署發射阿波羅十一號前幾日拋出《太空怪談》（Space Oddity），不久成爲國際搖滾之神，永遠改寫流行文化的樣貌。其後十年，他展開搖滾史上絕無僅有的創意勃發。從專輯《出賣世界的人》（The Man Who Sold the World）、《一切都好》（Hunky Dory）、《齊格星塵的崛起和火星蜘蛛》（The Rise and Fall of Ziggy Stardust and the Spiders from Mars），一直到《美國青年》（Young Americans）、《英雄》（Heroes），以及身後發行的那張讓人無法忘懷的大作《黑星》（Blackstar），鮑伊一直在自我改造，融入新觀念，突破界線，把握每個機會挑戰既定假設——即使入了土仍然沒有終止。

他的音樂事業會在那個時間點再起並非偶然。從第一張失敗的個人專輯到發行《太空怪談》，這兩年內他並沒有閒著，

而是努力去發掘新的元素，探索創作藝術的新方法。他住過佛寺，學習過舞蹈、戲劇、默劇，協助創立藝術實驗室。[2] 他不斷想辦法做真正的自己，並研究以更好的方式展現出來。他深入內在探索自己想表達的東西，說服所有的人注意聆聽。

最重要的是他找到自己的理想，努力深信不移。

他能成為讓人無法抗拒的藝術家，是因為他沒有嘗試做另一個米克・傑格（Mick Jagger）或鮑伯・狄倫（Bob Dylan），而是努力做第一個、也是唯一一個的鮑伊，一個舊類型完全無法套用的人。他的音樂不是藍調或流行，迷幻或靈魂，他不是男人或女人，同性戀或異性戀。他沒有單一的身分，但他所做的一切都有一個共通點，就是出自鮑伊的獨創。而這就足夠了。

我的家鄉是華盛頓特區外維吉尼亞州保守的費爾法克斯郡（Fairfax County），成長過程中我仔細研究過鮑伊的每一張專輯、所有的歌詞和每一種人格（persona）。我聽他的歌時未必都知道那是什麼感覺，只知道那是**有深度**的東西，可比知名樂團「轟」（Wham）有趣多了！

我發現鮑伊時，已經是家族中的異類。我爸媽和一堆親戚都是老師和學術人士，我的興趣讓他們難以理解。我不大愛讀書——應該說是恬不知恥的電視成癮者，超迷《霹靂遊俠》（*Knight Rider*）和《飛天紅中俠》（*The Greatest American Hero*），也愛看節目中間穿插的三十秒廣告。我到現在還會想到一些廣告詞，像是酷愛飲料的卡通人（Kool-Aid Man）喊的

那句「歐耶！」 或「同笑樂（Tootsie）棒棒糖舔幾次才會吃到中心的軟糖」或「放下我的 Eggo 餅」——我和姊姊吃早餐時不知講過幾百次。到今天我要去上班時還會說：「該做甜甜圈了」——這是小時候 Dunkin' Donuts 的廣告詞。我會將這些舊廣告的每個元素拆開來看，從配樂到演技到導演，分析為什麼成功，探討某一則廣告是否能成功說服我購買他們推銷的產品。這絕對不是十二歲孩子的正常行為，在我那個都是知識分子和教育人士的家庭中當然更不是。

看了鮑伊的表演之後我才明白，怪異不是需要對抗的東西——而是要全力擁抱的特質。鮑伊讓我可以自由地展現古怪獨特的自我。

諷刺的是，鮑伊第一份也是唯一一份辦公室工作是在倫敦的赫斯特廣告公司（Nevin D. Hirst Advertising）當美術人員。[3] 他很快就做不下去。但後來他仍維持與廣告界的密切關係，從百事可樂到路易威登，多種產品的電視廣告都找上他。[4]

鮑伊是自我創造的大師，擁有無數種身分，我從他身上學到真誠的重要性。聽起似乎違反直覺，但其實很有道理。沒錯，他綜合了各種相互衝突的元素和差異極大的人格，但全部都是原創的，每一次都忠於鮑伊這個人。你也許不了解他要做什麼，但你知道他要讓你看到他獨特的一面，而且他不在乎別人怎麼想。你憑直覺就能強烈感受到這一點。

這種真實做自己的特質正是說服力的核心精神。

◇ 性格特質最重要

說服力的最重要基礎是個人特質，而不是事實或論點。最強有力的說服方式與證據、論點或邏輯沒有那麼大的關係。事實上，人們往往並不是被言語說服，而是被言語的來源所說服——換句話說，和說話的人是誰有關。兩千年前的亞里士多德比誰都更清楚這一點，他說：「好人會更輕易、更充分地贏得我們的信任……人格幾乎可以說就是〔說話的人〕最有效的說服工具。」[5]

這很合理。我們對多數事情都沒有足夠的知識、時間、專業可以自己判斷要支持哪一邊。當醫生告訴我，我必須補充維他命 D 或讓扭傷的腳踝休息一週，我會信任他。說服我的不是科學——我不是讀醫科的，也完全不知道我們為什麼需要那麼多該死的維他命 D，但我的醫生讀過醫學院，具備專業知識。好的醫生表現出的信心和性格特質會讓我們願意聆聽。

當政治人物要說服你接受稅務改革或國家安全或移民政策，多數時候你都沒有足夠的資訊可以僅憑事實做決定。你的決定建立在那人是不是看起來立意良善、值得信任、自信、誠懇，也就是說，你的決定是依據你眼中那個人的性格。

我所謂的性格——或更重要的，亞里士多德所謂的性格——不只是一個人努力遵循的道德準則或個人信念，還包含他不假思索展現出來的習慣和性情。當一個勇敢的人看到學校失火，他會毫不猶豫跑進校舍拯救裡面的學童。當一個誠實的人

撿到皮夾，他會盡力物歸原主，一秒鐘都不會想到要拿走裡面的現金。一個誠懇的人會反射性地說實話，而不是先衡量說實話的優缺點。

所以具有說服力的性格也必須發自內心。人們必須知道他約略看見了真正的你——窺見了你甚至不知道自己已展現給他們看的某種特質。

◈ 窺見你的靈魂

要培養具說服力的性格，第一步是學習抬頭挺胸做自己。

我知道——我知道——「做自己」是老生常談，你已經聽過千百次。當朋友要準備面試或找心儀的對象出去約會時，你會用這句話鼓勵朋友。但人們說「做自己」的意思通常是：「放輕鬆，自然就好，不要想太多。」

我說的不是這個意思，當我們想要發揮說服力時，多數情況下我們會被直覺帶領到錯誤的方向，想要隱藏我們認為別人不會欣賞的那些部分，表現出我們認為會讓聽眾覺得更有吸引力的言行。我們會比平常更有笑容，對某些事其實不是真的很在乎卻故作興奮，用語會比平常的真實生活更中規中矩。簡而言之，我們會弄假直到成真。

但人們不會吃這一套。別人從一哩遠就能看穿你在做什麼，即使他未必意識到。柏克萊加大哈斯商學院（Haas School of Business）的研究人員布林克（Leanne ten Brinke）、史汀

生（Dayna Stimson）和卡尼（Dana R. Carney）的最新實驗顯示，我們潛意識具備偵測謊言的驚人能力。[6] 三位專家要探討一個問題：瞬間的直覺反應是否比刻意的判斷更能偵測謊言。實驗方法是請一群大學生觀看錄影偵訊，受偵訊者被懷疑偷了一百美元。其中一部分人真的是竊賊，但研究人員請被錄影者都否認有罪。

當學生被要求**刻意**判斷誰說謊誰說實話時，答案並不是很準確，這很讓人驚訝。事實上準確率只有 54％，比用猜的好不到哪裡去。

不可思議的是：當研究人員量測學生觀看錄影的瞬間**潛意識**反應時，發現學生分辨說謊者的表現好很多。具體而言，受試者若想著其中一位說謊者時，當他在接受自動心理反應的測試時，聽到「不誠實」、「欺騙」、「不真實」等字眼時，會比聽到「誠實」或「真實」時反應更快。當他們想著其中一個說實話的嫌疑犯時，則是恰恰相反。[7、8]

換句話說，這三人的研究告訴我們，人們可以相當準確地憑直覺立刻分辨一個人是否誠實，遠比刻意要拆穿謊言時準確許多。所以如果你要說一些無傷大雅的小謊言來擄獲聽眾的好感，對方很可能根本沒有細想就會立即啟動偵騙警鈴。他們也許無法確知你隱瞞什麼，但會知道你在隱瞞。一旦讓他們嗅到一丁點不誠懇的訊號，你就成了只不過又是一個想要矇騙他們的銷售員。

你有兩種方法可以避開別人的內建欺騙偵測器。第一種是

你可以學習當一個專業詐騙戶，這不容易，但確實有人可以做到。這種人就叫做騙子。如果你想當騙子，也有這種書可以參考，但不是這一本。

對於我們這種想要晚上睡得著的人，還有一個選擇：停止嘗試讓別人喜歡你，開始真正做自己。或者換另一種說法，不要當羅伯·大衛·瓊斯——那個人只會按部就班製作他以為別人會喜歡的音樂。你要做齊格星塵，把你最奇特、最誠實、最出色的自我展現出來，即使那樣會違背某些社會規範。

讓我提供一個個人的例子。有很多年的時間我都假裝喜歡葡萄酒。我大概去酒鄉納帕（Napa）幾十次了，每次都照著規矩走：漱口，吐出。我會將杯子舉高就著光，旋轉，說出「有橡木味」、「味道濃烈」之類我根本不知道是什麼意思的話。我會記住一些地區和品種，以及哪一種葡萄酒和哪一種食物較速配。我以為自己超級有中上階層的味道。

我讓自己相信我喜歡這一切，其實這不是事實，我根本討厭葡萄酒。喝起來有酸味，會讓我的牙齒染成紫色，喝完後會想睡覺。我比較偏好烈性的酒，一星期裡任何晚上我都可以喝麥斯卡爾酒（mescal）或伏特加雞尾酒（工作比較辛苦的幾週甚至可以天天喝）。我只是覺得我應該喜歡葡萄酒，於是就順著潮流走，尤其是在我希望留下好印象的人面前。

現在我到餐廳時，一有機會就會把葡萄酒杯還給服務生。我發現，這麼做反而能贏得尊重，尤其是我認識的葡萄酒愛好者，因為他們決不想要整晚聽一個虛偽的人複述他從納帕學來

的一堆假話。而且這也表示他們會有比較多的葡萄酒可以喝。

當你想要影響聽眾時，你要關閉你的過濾器，顯露些許內在的本色，這樣對你真的很有幫助。幾個理由讓這個做法能奏效。第一，一個獨特的人——具有真實的好惡、奇特的興趣、讓人驚訝的執念——是別人能夠接受並產生共鳴的，不論是否真正認同這個人。

畢竟，多元性是我們共有的東西。

此外，你會讓人記住你，認識你這個人，覺得你比某個看似在偽裝的人更值得信任得多。而且你會因此有機會分享你的想法，敘述你的個人故事。

我的辦公室牆上貼滿我真正喜愛且從中得到鼓舞的藝術家、音樂人、歷史人物的圖像，我覺得一點都不需要顧忌。當然，我想要爭取的客戶可能討厭衝擊合唱團（The Clash）或歌手王子（Prince），但客乎幾乎必然也會有他自己喜歡的某種音樂或藝術或文化偶像。這一點讓牆上衝擊合唱團主唱斯特魯默（Joe Strummer）的照片變成他能理解的東西，還能凸顯我是一個有血有肉的人，而不只是想要從他身上得到好處的生意人。

此外，你還有一個理由應該盡可能展現完整真實的你：你幾乎不可能預期你的哪些部分會吸引別人。你可能以為你收集的小磁貓、滑雪度假區的小酒杯、復古的耐吉球鞋、漫威漫畫或任何你著迷的東西會讓別人覺得無法理解，但說不定那正是他們最欣賞你的地方，還讓你容易被記住。不僅如此，當你敢

開自己任人檢視，就代表你很有自信，而自信對於說服力可是大大加分。

當你展現奇特的特質，等於告訴對方，你信任、尊重、歡迎他，而且你也很樂意聽聽他有什麼獨特的興趣和執迷的事物。因此，展現最奇特的你是有益的。但這裡面有一個弔詭之處：當你真的要說服某人時，這些理由都不應該在你腦中。如果你展現自己只是為了完成交易，那就不真誠了——而是在操縱。你必須能做到你在互動中顯現的獨特性源自真實的你，是你不假思索表現出來的。讓別人看見你的奇特之處會讓你變成有趣而難忘的人。誰願意變成一個和所有人都一樣、單調乏味、看過就忘的人？

有些人很容易就能做到，隨著年齡增長也會愈來愈容易，但通常還是需要覺察力、紀律和練習。就連鮑伊都不是自然就會的，他也得去學習。

◇ 追求更真實的互動

要如何才能變得更獨特？聽起來似乎是陷阱題，其實不是。事實上有一些簡單的方法可以每日運用，歸結起來有三個步驟。

覺察

這裡所說的覺察就是用心聆聽你自己說的話。一開始先多

注意你和別人的每一次互動。你要留意的是哪些言行沒有反映你的真實感受。好比有人說了冷笑話而你勉強笑了，或者你假裝今天的天氣讓你開心或煩躁（其實沒有那麼開心或煩躁），也或許你想要分享你的某件事，但不確定對方會有什麼反應或看法而忍住沒說。

我們多數人都會自然而然做這些事。當然，每個例子都可能很無傷大雅。你告訴自己，你只是在表現禮貌，或只是試著避免衝突，結束尷尬的對話，繼續你的生活。但這些不真誠的短暫時刻會很快累積成為全然的虛偽。至少這些時刻代表你錯失機會顯露真實的自己。

每個人在這類時刻的表現方式可能都不同，一旦你知道要留意什麼，就很難不注意到。所以當你注意到自己表現出這種小小的不誠懇，要留心。

分析：事後檢討

就像運動員會觀看比賽錄影，以維持優秀的技能，你也可以就你與別人的對話或說服別人的話進行事後分析，看看哪些地方可以更真實呈現自己。每次對話之後，你可以問自己下列問題：

- 我在對話中的哪個時候呈現最真實的自己？
- 我何時注意到自己的不誠懇或有所保留？

有了這些資訊後，你要自問：

- 我要如何依據這些真實呈現自己的時刻，讓自己愈來愈真誠？

至於比較不真誠的時刻，你要自問：
- 如果我是誠實的，表現最真實的自己，沒有那麼在乎對方怎麼看我，我會怎麼說和怎麼做？
- 如果我是和一個老友說話——一個比我更了解自己的人——我會怎麼表現？

別誤會——我不是鼓勵你只為了凸顯自我而當一個不禮貌的渾蛋。如果你聽完上述問題的感覺是：「你問得我心好累！拜託別再說了！」可能是因為你沒有抓到重點。你的目標不是要白目到讓對方想揍你，只是與人對話時盡可能真誠。

調整：運用你學習到的

不論你的回答是什麼，都必須將得到的領悟化為行動。不妨準備一本筆記，紀錄你的優缺點。也許某個話題真正能帶引出最真誠的你自己，或者你很刻意不去談某個生活細節，甚至會隱藏。當你分享生活中非常私人的事，其實會得到別人的尊重。有些事可能你沒有細想就說了，或是明明討厭的事卻假裝喜歡。不要以你的經驗和觀點為恥，你要感到驕傲。

光是寫下來就能幫助你將這些領悟內化。如果你養成這樣的習慣，你會深刻覺察到自己虛偽的時候。慢慢的，話還沒出

口你就會意識到了，到後來會變成自動反應。

　　那就像學習樂器一樣。好比學鋼琴，一開始你必須想到每個細節：你的坐姿，腳怎麼擺，手腕的張力，手指的動作，節奏的掌握，每個鍵要彈多用力等等。你彈奏每個音符都要非常專注。但等你學會之後，過程中會有愈來愈多的部分變成全自動化，琴音彷彿從你的手指流瀉出來。或更棒的，就像學習外語一樣。起初你必須一直想著文法、字彙、時態。你在腦中變化動詞，每個字的發音都小心翼翼，勤查字典，記誦詞彙。但當你學通了，這一切都可以拋到一邊，你會毫不猶豫地直接流暢說話。

　　你應該運用同樣的做法，培養本書介紹的每一種強化說服力的習慣。不要把它想成是學習新事物，而要想成是發掘與擁抱你內在本就具備的特質。

　　這就是打高爾夫球的人所說的「找到自己的手感」。他們並不是要從無到有設計完美的揮桿方式，而是透過用心練習發覺自己最自然的揮桿法。從某種意義來說，你也可以透過同樣的方式找到**你的**手感。

⬡ 收集角色模範，好好研究

　　有時候你會感到疲倦、飢餓或者就是對改善自己興趣缺缺。這種時候欠缺的是激勵，當你覺得愈來愈沒有動力，一個可靠的方法是收集一些角色模範讓你可以汲取力量。

你特別應該經常留意有哪些人的態度誠摯不虛偽，讓你很欣賞。這個人可以是演員史提夫‧麥昆（Steve McQueen）、知名主持人歐普拉（Oprah）、美國職業籃球運動員柯瑞（Steph Curry）或你的美髮師。是誰不重要，只要對你有效就可以。

接著想想他們究竟爲什麼可以表現出那個樣子。仔細觀察他們說話的方式、語調、眼神接觸、用詞遣字、如何選擇話題——全部都要觀察。此處我同樣建議你記筆記，參考那人的特質，修正成適合你的。本章開頭我向鮑伊致敬的內容就是直接取材自我的筆記。

如此有助於將角色模範最讓你欣賞的特質內化，應用到你的生活中。當你感覺自己落入取悅別人的模式，你可以回想其中一個人，想像他在這種情況下會如何表現。你的目標不是要仿效這些人的怪癖，而是從中得到激勵。

⬡ 為什麼「勸人要有自信」是不好的

自信的人自然具說服力——不需要我告訴你你也知道。如果我的汽車出問題，兩個技師給我的報告互相矛盾，我會相信那個聲稱確知問題出在汽缸蓋墊片的那位。我決不會拿錢賭那個聽起來好像在猜測的人。我這麼做可是有科學根據的。

在一項實驗裡，心理學家普萊斯（Paul C. Price）和史東（Eric R. Stone）讓三十五人看兩位虛擬金融分析師——布朗

和格林——的股票預測。舉例來說，參與者會知道布朗抱著86%的信心預測某支股票會上漲，之後也會知道布朗的預測是否準確。參與者被告知兩位分析師的二十四項分析與結果，因而可以相當程度掌握兩人的成績紀錄。[9]

接著研究人員詢問參與者會選擇聘用哪一位分析師。請注意，兩位分析師的預測能力不相上下——事實是兩人對每一支股票的總預測完全一樣。唯一的差異是其中一位總是表現極度自信——好比對手有84%的信心，他卻高達99%。即使當那位過度自信的分析師對自己的預測不太確定時，也有22%的自信，另一位則是表現得極度不確定，只剩7%。

果然，參與者一面倒向偏好過度自信的分析師，即使他並沒有比較會挑股票。但面對兩種一樣好的選擇時，「自信」的影響極大。

所以當人們勸你「要有自信」才能說服人，確實很有道理，但我不會這樣勸你，實際上，「要有自信」是個很糟糕的勸告。下一次當有人這樣告訴你，為了你自己好，儘管聽而不聞。勸人「要有自信」就好像叫人「想睡覺」或「大吃一驚」——這不是你能決定的。你**可以**決定的是**表現**出自信的樣子，或者說得更精確一些，你可以培養好的習慣與人格特質，讓你真的更有自信。

要表現出自信，自在做自己就贏了一半以上。但還有一些具體的策略可以幫助你與人溝通時更有自信。

◇ 強有力地陳述事實

想說什麼就說出來。如果你要說某個重要的觀念時一定要附上一堆但書，那就不要說。停止使用那些會稀釋你的意思或暗示你並不確定的語言。我說的是類似下列的用語：

- 也許
- 可能
- 算是
- 我想
- 我也可能是錯的
- 我感覺好像……
- 這麼說也許有點蠢，但……

這些要全部丟掉。還有清喉嚨的開場白也要丟掉，例如：「我可以問你們一個問題嗎？」或「讓我聽聽你們對這個構想的看法。」

這些小小的免責聲明和減輕嚴重程度的話語，就是溝通專家所謂的**無力的語言**（powerless speech），理由很明顯。[10] 當你這樣說話，就是向聽眾宣揚你的不安全感，讓人覺得不需要認真看待你說的話。在這種狀況下，你絕不可能成功說服別人。別人為什麼要相信？你自己都不相信自己。

有的人可能會反對這種策略，認為是一種欺騙。畢竟，實際上沒那麼自信卻假裝更有自信，這不是不誠實嗎？是的。但

我不是叫你假裝，而是換一個方式表達你真正相信的事。如果你說話時使用的盡是沒有力量的語言，即使你深深相信的事，說出來也變得不可信，或至少讓人存疑。使用有力的語言會讓你的自信開始增加，使用無力的語言則會造成相反的效果。

我吃了一些苦頭才學到這個教訓。我最近受邀上全國性的福斯節目，討論今年的超級盃廣告趨勢。我很興奮，畢竟，若說有任何事是我講起來會很有權威的，那就是廣告業了。我也是大型廣告的死忠粉絲，因此超級盃就像我的聖誕節——應該說是猶太教的光明節（Chanukah）才對。

受訪當時我自覺很好，直到我看到影片才發現不是這麼回事。從受訪一開始，我說話就很遲疑。一半的句子開頭都是「你知道……」或「我有點覺得……」。我當時很有自信也很熱情，但聽我說話聽不出這些。我大約經過兩分鐘才順暢起來，那時訪問已過了一半。[11]

對方是在擁擠的新聞室遠端進行訪問，我看不到對話的人。那位新聞播報員介紹我時念錯我們公司的名稱，讓我更加慌了手腳。這種小狀況是可以預期的，如果說這個經驗教會我任何事，就是讓我體會到，人在承受壓力時多麼容易顯露壞習慣。

避免這種事件讓你慌亂的唯一方法，就是多練習。若要去掉無用的語言，你可以採取我先前大略提到的三個步驟。

- **覺察**：首先，要注意你的日常用語中是否有這類字詞。
- **分析**：第二，花點時間注意你何時落入這種說話方式，思

考可以如何更直接表達。

- **調整**：最後，注意你最倚賴的無力用語，刻意努力不要使用。

你會發現，去除無力的用語一點都不會改變你要表達的意思。試比較下列兩個句子，你就會明白我的意思了：

- **無力的用語**：「如果我要說句誠實的話，我得說碧昂絲可能是有史以來最了不起的現場表演者，至少這是我現在的意見。」
- **有力的用語**：「碧昂絲可能是最了不起的現場表演者。」
- **無力的用語**：「請別誤解，我對那位作者沒有意見，只是他的書對我個人並不是真的有幫助。」
- **有力的用語**：「我不喜歡那個作者的風格。」

別人不需要你提醒他，你要表達的是誠實的意見，也不需要被告知說話的人是你，他們當然也了解你表達的是你的意見，不然會是誰的？

我發現，如果你努力使用更有力的語言，真的會影響你的思考方式。你會開始以清楚自信的語言構思，因為你不再有舊的語言可以仰仗。

◇ 有勇有謀

當你要選擇立場時，一定要確定你有好的理由。

在日常對話之外，你必須為你相信的事選擇立場。只為了表現大膽而說出大膽的話不會有效果。自信和莽撞之間不易拿捏，如果你只是為了激發別人的反應而做出極端的事，那叫特技表演。沒有人會相信有勇無謀的人，好比我不會聽從特技演員克尼維爾（Evel Knievel）的建議——除非我想要學會騎摩托車飛越十四輛灰狗巴士。

表演特技是為了供人觀賞。反之，當你在某件事情上採取立場，這個選擇必須反映你的本質和信念。這就是快閃族和民權遊行的差異：一個毫無意義，一個會啟發人心。

如果你要承擔風險，必須是為了一套價值觀。首先你得釐清你的核心價值是什麼。我所謂的價值不只是你的政治觀與是非感，雖然這些也是其中一部分。我指的是你認為生命中最重要的東西——諸如忠誠、樂觀、創造力、方向、審美觀之類的重要觀念。你要自問：有哪些原則和承諾是你無論如何都不願妥協的？關於你服務或領導的組織，你也可以提出同樣的問題。

不論你的答案是什麼，你在做出勇敢的決定或表達強烈的觀點時，都應該是受到你的價值觀所驅使。即使你的選擇沒有成真，那依舊代表你的真實心聲。不論結果如何，光是這一點都能贏得別人的尊敬。

鮑伊並不是只為了好玩而在臉上畫一道閃電，自稱為齊格星塵。他是要更貼近理想的創意表現，探討如何以忠於獨特自我的新方式來創造藝術。

　　你要讓你的言行反映真實的你。當你所說的話發自內心,不擔憂別人怎麼看你,這就是了不起的成就。如果你扭曲自己去迎合別人的希望,最後只能騙過你自己。我在廣告生涯中學到的一件事,就是即使你想騙人,聽眾辨識欺騙的能力更勝一籌。

　　我發現下列方法可以避免成為不真誠的人:

　　1. 展現真實的你。

　　2. 言行要有自信。

　　3. 收集角色模範。

　　4. 大膽遵循你的核心價值觀。

　　如果你做到上述幾點,你的真實性格會以你從未預期到的方式顯現出來。

　　自信就是自在做自己,那是因為你相信自己,知道自己是誰。要培養好的性格,讓你的說服力有深度,不只是表現獨特的自己就夠了,但若沒有這個基本的性格特質,你恐怕不太容易說服別人。

　　就像平面設計師麥卡(Sean McCabe)所說的,如果你想要變成和別人一樣,就絕不可能影響別人。[12]

第二章

故事的說服力

故事若能讓人彷彿身臨其境，

我們永遠有興趣聽。

——羅琳（J. K. Rowling）

每當有人問我從事什麼工作，或我的公司 Mekanism 是做什麼的，我的回答都一樣：**說故事**。沒錯，我們是廣告公司，所以歸根究柢我們是產品銷售業，不論賣的是冰淇淋、球鞋或除臭劑。但我們的銷售方式是先弄清楚品牌的核心價值，然後透過**故事**以讓人信服、能引起共鳴、兼具娛樂效果的方式傳達這個價值。

這和廣告主以前的銷售方式很不一樣。數十年之前的廣告都是列出最新的汽車或清潔產品或家電的優點和特色，然後吹噓：「價格低得不能再低。」基本上就是直接告訴消費者為什麼應該買這個產品才明智。大家都認為廣告唯一要做的就是提供事實（雖然可能有點誇大）。

但現在如果你要打動人，必須以更有感情、更真實、更有深度的方式讓觀眾產生共鳴，光提供事實和特色根本達不到效果。要打動人、引發共鳴、在品牌和消費者之間創造有意義的連結，要靠說故事。說故事才能發揮最強大的說服力——不是只有廣告界如此。

研究人員很早就發現，說故事是很普遍（而且有益）的活動，人類從遠古時代就開始說故事了。如同史學家哈拉瑞（Yuval Noah Harari）所說的：「我們和黑猩猩的最大差異，是人類有一種神祕的凝聚力，可以讓數百萬人有效率地合作，這個神祕的凝聚力是由故事（而非基因）構成的。」[1]

沒錯，我們人類能存活至今，多少與說故事的能力有關。倫敦大學學院（University College London）的人類學家史密斯

（Daniel Smith）及其團隊的研究顯示，「人類會演化出合作的行爲，說故事可能扮演很重要的角色，因爲能傳播社會規範與合作原則，協調團體的行爲。」[2] 我們透過說故事傳達價值觀，並說服別人採取同樣的觀點。

人類的祖先之所以會利用說故事來說服彼此，有一個很好的理由：故事比任何溝通方式更能激發忠誠，帶引我們超越當下，從不同的觀點思考，產生情感層次的了解。所以如果你的目標是讓別人改變心意，激勵人採取行動，掌握說故事的能力是必要條件。

後文會探討故事到底爲什麼這麼具有說服力。同時我們也要分析，是哪些習慣和性格特質讓任何人都能成爲具說服力的說故事高手。

◇ 從總統到巴黎：透過說故事說服別人

高明的故事若是說得好，能夠讓人被你的敘述吸引，沉浸在另一個世界裡，與主角產生近乎超自然的連結。在短暫的時間裡觀眾會聽得渾然忘我，置身在故事的情境裡。讀者若曾經觀賞引人入勝的電影或完全沉浸在一本小說裡，一定有過這種體驗。一旦你完全投入故事裡，就會非常願意放下戒心，不再緊緊抓著既有的觀念。

世界上最偉大的宗教都是透過神話、預言、類似聖經的故事來傳達訊息，這並非偶然。同樣的道理，當代最了不起

的領導者也都是最擅長說故事的——例如金恩博士（Martin Luther King Jr.）、甘地、聲名狼藉的金斯伯格法官（Notorious RBG）或曼德拉。

在美國史上，透過說故事來說服人的藝術能發揮到極致的，當推林肯。林肯曾說：「人們形容我很愛說故事，應該是吧！我從多年的經驗學到，簡單幽默的說明遠比任何方式更容易影響一般人。」[3]

在歷史性的奴隸制大辯論（Lincoln-Douglas Debates）中，林肯說故事的功力讓著名的對手道格拉斯（Stephen Douglas）感到畏懼。他說：「他的每一則故事都像砍在我的背上。其他的我都不擔憂，不論是他的論點或回答我的提問。但當他開始說故事，我就感覺即將敗北。」[4]

就連林肯最有名的蓋茲堡演說（Gettysburg Address），也是要將聽眾帶到「八十七年前」國家創立之時。

當內戰將結束時，雪曼將軍（General William Tecumsü Sherman）問總統，軍方應如何處置南方聯盟的總統戴維斯（Jefferson Davis）。林肯最關心的是，在血腥的內戰之後如何維持聯邦的團結，確保對方陣營的將士能和平回到美國社會。

公開懲罰戴維斯會讓整個國家緊張的政治情勢火上添油。但若讓戴維斯全身而退，所造成的負面政治效應，同樣不容小覷。在林肯看來，對一個分崩離析的國家而言，最佳結果就是這位南方聯盟的前任總統逃離美國。當然，林肯不能公開表

明這種希望，於是他透過故事表達立場。故事說有一個人正在戒酒，朋友問這人要不要喝一杯，他拒絕了，要求給他一杯檸檬汁。朋友倒了檸檬汁，那人說裡面若有一點白蘭地，味道會更好。接著又說，如果是在他不知情之下加入白蘭地，他不會反對。雪曼明白了：林肯要他讓戴維斯逃離，但不要讓總統知道。[5]

若沒有這種說故事的功力，林肯恐怕無法建立能讓他登上總統寶座的政治網絡，或是獲得民眾的支持（順帶一提，說故事對林肯來說，可能不只是說服的工具。有些人懷疑，他會說那些輕鬆好玩的趣聞軼事，可能也是為了控制嚴重的憂鬱症——嘗試重塑他的大腦）。

所幸你不必是林肯那種等級的大政治家，也可以善用說故事的好處。假設你要說服伴侶去巴黎度假，而不要去倫敦，你可以指出巴黎有世界級的美食、無敵的博物館，天氣也比倫敦好。但從說服的效果來看，就像廣告一樣，光是列出優點和特點同樣不是說服他人的有效方法。

當你告訴別人應該做什麼事——購買產品、投票給某人、捐款給某慈善機構——頂多就是訴諸他們的理智，亦即請他們權衡情勢的優缺點，透過推理得出合乎邏輯的結論。這沒問題，但邏輯只能發揮一部分效果，講道理鮮少是讓人改變心意的最佳方法。

在最糟糕的情況下，這個方法會激發衝突。畢竟沒有人喜歡別人告訴他做什麼，凡是養過小孩的人都太清楚這個道理

了。如果改變現狀會讓你的聽眾承擔很大的風險，指出他們的錯誤只會讓人更加堅持立場。

現在試想像你沒有列出伴侶應該選擇巴黎的理由，而是一起去看高達（Godard）的電影《斷了氣》（*Breathless*），如果法國新浪潮電影不是你的菜，那改去看伍迪・艾倫（Woody Allen）的《午夜巴黎》、林克雷特（Richard Linklater）的《愛在日落巴黎時》（*Before Sunset*），或其他電影。只要能盡情展現巴黎的浪漫之美，讓人一下子置身那些景色如畫的街頭，事實上這樣的經驗遠比列出任何景點更能說服另一半，因為故事能夠從深刻的情感層次來吸引我們。

對我而言，展現故事偉大的說服力、發揮最大影響力的例子來自史上最平凡的樂團：Kiss。沒錯，我說的就是那個塗濃妝、穿高跟鞋、噴火吐舌、以表演為本的搖滾樂團。

⬡ Kiss 如何利用說故事贏得全世界

小時候，Kiss 讓我百看不厭。這些人根本像來自另一個星球，身穿誇張的黑皮衣，會點火燒東西，彈奏浮在空中的樂器，甚至還會吐血。從《致命吸引力》（*Dressed to Kill*）到《毀滅者》（*Destroyer*），每張專輯我都放大音量聽個暢快。我學會所有（乏味）的歌詞，經常用黑白油彩塗在臉上。當然，每次我從房間跑出去，一邊吐舌，比出惡魔角手勢，總會讓我爸媽揚起眉毛頻頻搖頭。

鮑伊是真正的音樂天才，Kiss 的團員幾乎可以肯定不是。別誤會，聽他們的歌總是很開心，即使是很簡單的歌。但儘管欠缺音樂家的才華，這個樂團硬是能創造出三十張之多的金唱片，超越史上任何美國樂團——根據美國唱片業協會的資料，包括十四張白金和三張多白金唱片。[6]

　　Kiss 的成功遠遠超越唱片銷售數字，在他們之前的任何音樂表演者都不曾吸引那麼多粉絲。我們自稱為「Kiss 軍團」，其中一件瘋狂行為是主動打電話到電台騷擾 DJ，要他們播放 Kiss 的歌。我自己在後來的廣告工作上也沿用這個聰明的行銷手法，但當時我並沒有想成是在行銷，只覺得是對吸引我的樂團表達忠誠。能成為這個龐大社群的一分子讓我超級興奮。從某方面來看，Kiss 軍團堪稱是世界上第一個影響者網絡（influencer network）。這個樂團是粉絲拱起來的。

　　Kiss 也是品牌商品界的開拓者，製造出的稀奇古怪的贈品不知凡幾。Kiss 將他們的影像放在各式各樣的東西上，包括公仔、漫畫書、護唇膏、口袋刀、紙鈔夾、保險套、棺木，甚至是支票。[7] 想像你要多瘋迷這個樂團，才會使用印有 Kiss 的支票付房租！

　　這個樂團的音樂表現一點都稱不上出眾，卻能受歡迎到這種程度，你要如何解釋？他們甚至沒有做出一首美國的暢銷單曲，卻能吸引一大群追隨者，賣出這麼多專輯？[8] 答案很簡單：完全是因為說故事的力量。不論是貝斯手西蒙斯（Gene Simmons）的長舌怪物，或鼓手克里斯（Peter Criss）的「貓

人」，主唱史丹利（Paul Stanley）的「星之子」，或吉他手弗利（Ace Frehley）的「太空人」，這些人根本不是音樂人，而是從他們自創的外星神話跑出來的精神病惡魔。換句話說，他們是故事裡的角色，一則讓我和幾百萬人難以抗拒的故事。他們的音樂只是一個載體，用以將觀眾帶到那則癲狂又萬分精彩的敘事裡。

他們在創造故事之前，只是來自紐約、外貌平凡的長髮搖滾樂手，在酒吧開唱時座位甚至坐不滿。但他們創造出另類的故事世界後，這些都無關緊要了。事實上你甚至不會注意音樂，只會注意到他們敘述的故事。

只有了不起的說故事能力才能與觀眾建立這種深度的非理性連結。由此可知，故事是影響他人觀點、建立忠誠度、讓人改變心意的極強大工具：讓你能打動人類心靈那塊理性論辯無法觸及的地方。這也是為什麼要培養具說服力的性格，學習優異的說故事能力非常重要。

◇ 故事的說服力在於讓人身臨其境

年輕時我身為 Kiss 軍團的一員，完全沉浸在故事的神奇感受，這是人類很基本的感覺，心理學家稱之為：身臨其境（transportation）。研究人員發現，當我們讀了故事後感覺身臨其境，腦部處理資訊的方式真的會不一樣。我們會比較沒有意識到現實的世界，而意識到較多故事裡的世界。這當然會讓

我們更容易改變信念。我們可以說，科學家終於發現了西蒙斯早在七〇年代就已知道的事實。

社會心理學家葛林（Melanie C. Green）和布洛克（Timothy C. Brock）的研究，為身臨其境的力量提供強大的證據。研究人員進行幾項實驗，請參與者閱讀一則確實讓人不安的故事。故事說一個小女孩凱蒂和姊姊瓊安去逛購物商場，結果被一個逃脫的精神病患殘忍刺死。這當然是很可怕的故事。但這就是重點所在，實驗要有效，研究人員需要一則讓人情感上很投入的故事。此外，故事的設計是要傳遞一套信念（雖則只是透過暗示）。舉例來說，故事暗示購物商場不安全，精神病患需要更嚴密的監管，這世界就是個亂七八糟的地方。

葛林和布洛克做了幾項實驗後發現，身臨其境的評分較高的讀者比較會採納與故事相符的信念——好比精神病患應該更嚴格監管。此外，這類讀者也對故事的主人翁有較正面的感覺。有些讀者因為某種原因比較不會有身臨其境的感覺，這些人便比較不會接受與故事相符的信念，對主角比較沒有感情。值得注意的是，不論被告知故事是虛構或事實，對結果都沒有太大的影響。[9]

試想像如果你只能運用邏輯論辯，你要如何說服某人購物商場不安全或精神病患應該更嚴格監管。你必須拿出證據，不論是統計數字或專家的證詞。你還得說明你的研究為何能證明你的結論是對的。你或許可以將這一切整理成一份簡報，附上圖表和重點。

假設你的聽眾可以從頭到尾看完簡報而沒有睡著（我聽過數百次簡報，可以告訴你這個假設不太可能），聽完後聽眾可能最後會同意你，但依據他們自己逛購物商場或去過精神科病房的經驗，不同意的可能性非常大。

為什麼？首先，光是圖表和重點就有夠催眠的，通常必須有極大的專注力才能用心聽進去。所以從一開始，你光是要讓聽眾注意聽就得拜託他們。要說服人，這可不是很好的開始。資料很重要，但只能解決一部分問題。

反之，好的故事不需要費多少力氣或紀律就能讓人專注。不論你願不願意，你就是會自動被拉進去。聽故事確實很有趣——不像工作，還比較像娛樂，也因此可以很容易就讓人記住。事實上，相較於純粹提供事實，以故事呈現的資訊易記程度可以高二十二倍。[10]

當你透過說故事來說服他人，你不必列重點強力灌輸給聽眾。如同葛林和布洛克的購物商場實驗清楚顯示，故事只需暗示重點就夠了，聽眾會自己得出結論——只要你給他機會。這很重要，因為我們自己得出的結論永遠比被迫接受的更強大。你自己產生的信念是屬於你個人的，因此在危急關頭，你放棄這個信念的意願通常會低很多。因此，當我要傳遞某種觀念給我的客戶、同事、員工時，我總會準備好一則故事來搭配資料，以便清楚傳遞訊息。

⬡ 運用故事傳遞價值觀：迪士尼的警世故事

我的廣告公司 Mekanism 專門透過說故事銷售產品，這是我們提供給客戶的服務，我也仰賴有效的說故事能力來扮演好身為執行長的角色。

我的職責是向客戶推銷觀念，說服客戶我們的作品能夠讓他們的目標受眾產生共鳴。當客戶堅持採取不好的策略，我會說服他們改變心意。如果客戶不確定是否應該聘用我們，我會解釋為什麼我們是最適合這項工作的廣告公司。在這每一種情況，我和團隊同仁都必須透過說故事來說服客戶。

但我的工作還有一個部分和說故事的能力很有關係：鼓舞我的團隊，激勵他們支持公司的核心價值和信念。我們的一個核心價值是互助合作。Mekanism 一向以重視各種背景與專業的人才自豪。但光是將一群技能優異的人集合起來還不夠，你不能閉上眼睛就期待會有最好的成果。要做出真正優異的作品，需要這群背景各異的人才能夠互補，放下自我意識，合力追求共同的目標，同時恪遵同一套信念。

當我這樣平鋪直敘說明這個觀念，或許聽起來很有道理，但也可能聽起來像是一堆濫情的廢話，端視你自己的觀點而定。因此當我要傳達合作與團隊精神的價值觀給同仁，我通常會訴諸公司早期的一則故事。

故事說我和夥伴——Mekanism 的創辦人兼創意長湯米·米恩斯（Tommy Means）——第一次一起比稿的故事。客戶

是一家叫做迪士尼的公司。當時的 Mekanism 還是只有五、六人的小公司，正辛苦地要打下一聲名號。為了這次比稿，我們找了灣區兩位廣告名人合作，文斯‧安傑爾（Vince Engel）和韋恩‧巴德（Wayne Buder）。這兩人對我的事業都有很大的影響，人脈很廣，可以直通迪士尼內部。

對任何一家年輕、飢渴、經驗不豐的公司來說，能和資深的迪士尼主管見面是天大的事。對 Mekanism 尤其是如此，因為當時我們的財務很吃緊。如果能簽下迪士尼，不僅能解決資金窘境，還能幫公司蓋上人人都嚮往的迪士尼核可標章，立刻竄升 A 咖等級。

我們的創意簡報是要為迪士尼的幻想工程部門（Imagineering）設計宣傳活動。這個部門由一群設計師兼工程師的菁英團隊組成，負責迪士尼在實體世界所呈現的整體外觀和感覺——包括度假區、主題公園、遊樂設施、飯店、水上遊樂園、音樂廳、遊艇等。在迪士尼，幻想工程師被認為就像神祕的薩滿巫師（shamans）一樣。我們的職責是生動有趣地凸顯幻想工程師的工作，讓小孩子知道他們如何將點子化為實景。

我們的構想是設計一群動畫角色，每一個角色分別說明幻想工程的一個重要部分。

舉例來說，其中一個叫史巴克（Spark，火星）看起來很好玩的小人，身體長得像火星塞。火星會製造點子，像一道閃電從頭頂的電極閃現。另一個人物費柏（Fable，寓言）是作家，大腿是鍵盤，胸部是電腦螢幕，她會以詩意的文字呈現史

巴克的點子。接著由藝術家史凱奇（Sketch，繪畫）將之轉化成動畫。另外兩個人物洛克（Rock，石頭）和布拉克（Block，方塊）則會依據這些點子，建造出迪士尼樂園裡那些知名的遊樂設施和景點。大意就是如此。我們自認這是很棒的構想，事實也是。

比稿在迪士尼位於柏本克市（Burbank）的總部進行，聽取報告的是當時娛樂業最有權力、知識最淵博的主管：迪士尼的行銷長曼登霍爾（Michael Mendenhall）、主題樂園副總費拉洛（Leslie Ferraro）、精明、認真、果斷的主管拉蘇洛（Jay Rasulo）。除了幻想工程部門，主題樂園和遊艇也歸拉蘇洛管，他後來還成為迪士尼的財務長，堪稱僅次於執行長艾格（Bob Iger）的第二把交椅。

拉蘇洛跟在費拉洛和曼登霍爾之後走進會議室，全副主管架勢：充滿自信的正式西裝領帶，跟隨一群助理紀錄他說的每一個字，臉上烙印著「別想要我」的表情。他伸手簡單一揮，助理全部消失。接著好戲上場。

由於事關重大，我們的焦慮指數爆表。因此我開場介紹時，先利用寓言談幻想工程師的重要性，希望能緩和緊張感。然後我和湯米、文斯、韋恩便開始比稿簡報。我們製作了一張和會議桌一樣大的時間軸看板——大到必須租小貨車才能載到現場。板子最上頭寫著「幻想工程部門首次展示」。我們將這個龐然大物放在桌上，開始將故事的關鍵元素用魔術貼貼在時間軸上，說明我們將幻想工程的故事呈現給世人的方法、時間

和地點。

我們解釋點子的由來──大家都知道迪士尼很擅長人物設計和說故事，我們要善用這個優勢，讓大眾一窺幻想工程部門的幕後真相。我們會利用體驗元素（experiential elements）、漫畫書、與童書發行商學樂教育集團（Scholastic）的合作成果、數位短片等，完成後在迪士尼樂園裡的策略地點宣傳故事，讓排隊等著坐遊樂設施的遊客一邊欣賞。這套品牌延伸方法（brand extensions）簡直和 Kiss 樂團有得比。這番報告挑起三人對整個概念產生濃厚的興趣，對可能的商品銷售和其他創造營收的機會垂涎三尺。我們不只是創造故事，還要創造產品。

接著介紹角色造型。我們花了很多錢製作原型公仔連同包裝盒等等，那是特別向中國的玩具製造商訂製的。湯米是我見過最優秀的報告者。他是說故事專家，能夠讓整間會議室的人聽得如癡如醉。只見湯米侃侃而談，展現他那神奇的說服力，一一介紹每個幻想工程師：史巴克、費柏、史凱奇、洛克、布拉克。我們打開箱子，將他們放在會議室的桌子上，就在巨大的時間軸看板旁。我們站在一邊，迪士尼的主管在另一邊。我們剛做好的人物就躺在桌子上，仰頭瞪著拉蘇洛的眼睛。

拉蘇洛的表情變柔和了，他的第一個反應讓我們很受鼓舞。他說：「我不常被打動，但這個東西非常非常打動我。」但他接下來的話清楚顯示他並不是完全買單。「我唯一的問題是這些角色看起來像機器人，但小孩子喜歡看起來和他們相似

的角色。這些角色必須能反映聽眾，聽眾喜歡人臉，而不是機器人。你們怎麼看？」

我可以嗅到勝利的滋味。在我看來，這是很容易對付的批評。我參與過這類會議幾十次了，從經驗知道如果他們對提出的構想只有這個疑慮，那表示我們的表現可圈可點。我們只須點點頭，解釋這些只是粗略的原型，說出類似這樣的話：「我們憑什麼告訴迪士尼如何設計他們的角色？這些只是激發思考的構想，方便和你們一起討論，只是概念的驗證（proof of concept）而已。」

但這時湯米覺得可以大膽一些，無法接受這種批評。他採取的是為作品辯護的立場。我還沒有機會插話，他已經出口了：「聽起來不太對喔，這些確實就是我們想像中幻想工程師的樣子。透過這個方式，工程師不用露臉就可以解釋他們是誰。」換句話說，他是在告訴對方，要就接受，不然就拉倒。他接著解釋，為什麼一個名不見經傳的年輕創意主管會很了解小孩子喜歡什麼，甚至比史上最大的兒童娛樂製造商的三位頂尖人士更了解。我嘗試從桌子底下踢他，但腳卻搆不著。

這時會議等於結束了。拉蘇洛看看錶，推開椅子，揮一下手，喃喃說：「謝謝你們的簡報，但這不是我們要的答案。」那群助理立刻不知從哪裡又冒出來，所有的人像剛剛進來時一樣快速走出去。我發誓這時我看到他們身後冒出一朵卡通雲發出咻的聲音。我們顯然沒有拿到這個客戶——以及資金。

到底出了什麼問題？簡而言之，我們未能在一項關鍵元素

上充分合作。在準備簡報期間，湯米讓我做我的工作，我讓他做他的，結果做出真正精彩的廣告，很有機會贏得這筆生意，讓我們和迪士尼都能賺大錢。我們是兩個年輕的廣告人，非常專業，也互相信任。但這樣還不夠，我們在比稿時沒有團結一致，沒有準備好面對可能的批評或疑問時各自該如何回應，我們應該要傳遞什麼態度，或是在這場很重要的會議中由誰說什麼話。我們沒有為會議的問答部分做好準備。偏偏在最重要的時刻兩人沒有通力合作，結果釀一場災難（當晚我們在柏本克飯店，倒是成功地合力喝掉一瓶索價過高的高級俄羅斯伏特加）。

如何透過說故事說服人

人類能存活到今天，是因為我們能透過說故事說服別人。我們已看到林肯如何透過說故事鼓舞整個國家，一個平庸的樂團又是如何透過說故事成為全球成功的樂團，而我也是因此才能讓公司同仁通力合作。

迪士尼的故事已成為 Mekanism 的傳說，一則關於合作與準備的經典內部故事，多年來幫助我們傳遞合作與準備的價值觀給數百名員工。這則故事能發揮這麼大的作用，是因為遵循說故事說服人的基本規則。

下面是說故事的基本步驟，對任何人都可以是很好的提醒。

從簡單的事實開始

這一點很明顯——如果你要利用故事來溝通某種觀念，在開始之前必須先知道你要傳遞什麼訊息。擅長說故事的人也是努力尋求事實的人——目標是透過敘事傳遞基本的人性。

在上述迪士尼的例子裡，我們的訊息是：即使你很專業，如果團隊沒有做好準備也會導致災難。這個觀念簡單又真實。

如果你無法以簡單的一句話說明你的訊息，就沒有訊息可傳遞。如果你想要只用一則故事傳遞兩種以上的訊息，很可能會抓不住你的聽眾。有些複雜的故事可以容許多種解讀方式，這或許可以變成很好的文學或藝術作品，但若要用以傳遞具說服力的訊息，恐怕不是很好的載體。

切實遵循典型的結構

故事也要遵循一套基本結構，這個結構就和說故事一樣古老，最簡單的形式包括：

〔目標：你的人物是誰？他們要什麼？〕

首先要有一個或數個主角，迫切想要或需要某樣東西。這個動機要強烈到足以推動故事，而且是聽眾能夠產生共鳴的。以荷馬的《奧德賽》（*Odyssey*）為例，主人翁奧德修斯（Odysseus）經過特洛伊戰爭後迫不及待想要回到家人身邊。

我和湯米的例子則是想要爭取到一個大客戶來推動公司的發展。我們的故事有一個目標：金錢和成功。這是我們公司

（或任何公司）的每個人都能輕易認同的。你必須爭取到生意才能持續成長，這是普遍性的事實。

〔阻礙：他們遇到什麼困難？〕

然後主角（們）會遇到阻礙，必須克服才能達成目標。以我們為例，我們必須設計很棒的活動，還要能在比稿會議中讓迪士尼的人買單。當你提出阻礙時，聽眾應該知道這牽涉到什麼利害關係，必須做到哪些事，而且應該能感到些許不安。你不妨想成像在說笑話，最後那句結尾之所以那麼有力量，是因為聽者一直累積期待，直到最後的翻轉。如果結尾很成功，那是因為前面鋪排的張力釋放開來。高明的故事也是一樣。

在前述例子裡，我們必須爭取到這個客戶，才能確保財務安穩。如何說服客戶就是我們的阻礙。

〔解決：結果是什麼？〕

結果必然是主角克服阻礙達成目標，或是失敗了。不論是哪一種，只要故事說得好，結尾的情感宣洩應該是讓人記憶最深刻的——這就是你要凸顯訊息的時候。主角可能達成目標，也可能沒有，但他們的成功或失敗將能傳遞你要給的訊息。

在上述例子裡我們沒有成功，我和湯米未能拿下案子，確切的理由是我們沒有合作準備好因應比稿最後的突發狀況。在另一個宇宙，我們或許可以爭取到這個客戶，因為拉蘇洛問了一個難題，湯米堅持立場，拉蘇洛很欣賞我們的膽識。那樣的

話，故事的啓示就是要堅持你的信念，爲你的創意作品奮戰。

◇ 如何成為說故事高手

　　了解具說服力的好故事需要具備哪些基本要素是一回事，成爲說故事高手完全是另一回事。我們都看過有些人會把你聽過最有趣的故事說得亂七八糟，無趣又混亂。說不定你就是其中之一。

　　如果是，也不是只有你這樣，多數人都不是天生就會說故事，就好像多數人都不是天生就會唱歌劇或畫畫。所幸優異的說故事能力可以透過刻意、重複的練習來學習。我自己就是不斷努力學習。有五種技巧可以幫助你掌握基本能力，說出具說服力的好故事。

技巧一：收集好故事

　　怎樣才算好的故事？某種程度上要看是否符合結構，但高明的故事之所以不同於還不錯的故事，歸根究柢在於能否傳達你的論點，也就是你興奮地要複述給朋友聽的特別的事。以上述的例子來說，高明的故事應該是員工會想要複述給團隊新成員聽的，故事本身應該像八卦一樣有趣。

　　這樣的故事俯拾皆是，只是必須仔細尋找，整理結構。可以是你的家族史中特別有趣的一件事，或你上班途中發生的誇張的事，或你和朋友去巴塞隆納的經驗，或者只是你讀過、聽

過、在夜間新聞看到的故事。不論來源爲何，當你偶然聽到眞正高明的故事，要盡可能詳細地寫下來。準備一本筆記本或預留其中幾頁，專門來收集這類故事。

寫下來之後你要判斷故事的核心訊息是什麼，注意故事生動地凸顯了什麼觀念或啓示。好比是要說明信守承諾的重要，或是把握當下或是不要太早進行假期採購。不論重點是什麼，訊息應該在你第一次聽到時就能明顯接收到。慢慢的，你只收集高明的故事。下一次你要表達某種論點（好比把握當下），你就會有很好的故事可以援引。

技巧二：說故事就像編輯

一旦你找到故事可以傳達你的訊息，也詳細寫下來了，你還得把它變成能夠讓聽眾覺得一語中的的內容，也就是「編輯」。當我要編修故事時，我會自問三個具體的問題。

〔我是否提供聽眾所有必要的資訊？〕

聽眾也許從來沒有聽過這則故事，所以務必提供他們能夠了解來龍去脈的所有資訊。舉例來說，你要留意是否中間突然冒出某個重要的角色，或是你很熟悉但聽眾未必知道的專業術語。

〔我的描繪是否夠鮮明？〕

你的目標是讓聽眾覺得身歷其境，因此必須給他們足夠的

具體細節來引燃想像力。意思是你必須找機會增添細節，讓故事更鮮活。以迪士尼的故事為例，我提到主管的穿著，跟隨的一群助理，我們創造的一些角色長什麼樣子，以及巨大的時間軸看板。你不會想要讓劇情進行得太慢，所以要明智慎選你的細節。但你也不會想要讓故事聽起來像讀書報告。

〔我可以刪掉什麼？〕

故事中凡是無助建立目標、阻礙或解決的部分大概都可以刪掉。我沒有深入介紹幻想工程師的歷史，我小時候第一次去迪士尼樂園的情形，電影《幻想曲》（*Fantasia*）裡最讓我喜歡的場景（米奇成為魔法師的學徒，這是一則關於打掃的警世故事）這些都與故事結構的三大要素無關，所以被我捨棄。

值得注意的是，我可以利用本書好幾頁的篇幅來寫這則故事。但多數時候故事都是用說的。按照我的經驗，說得最好的故事最多不超過幾分鐘。所以當你要編修故事，要記住這一點。一個很好的基本原則是一分鐘講一百二十五字。所以如果你要將故事寫出來，應該不超過二百五十到三百字。

技巧三：演練

一旦你擬好滿意的草稿，接著就要演練。我的做法大約是這樣：首先，逐字唸出數次。你的目標不是要背誦，而是要熟悉。真的要說故事時，你不會想要聽起來像在背誦講稿。但你對於基本的結構和細節確實要有足夠的掌握，以免扯得太遠或

遲疑不決。

接著準備好錄音設備，錄音的影響之大會讓你驚訝。首先，麥克風會讓你比較誠實。如果旁邊沒有錄音設備，你很容易草草帶過或中間說錯就重來。但如果有錄音，便很難作弊。

〔記住第一句和最後一句〕

從頭到尾記住故事可能會聽起來很生硬，但記住第一句和最後一句有時候很有幫助。如果公開演說會讓你有些焦慮，牢記第一句和最後一句會讓你多一點自信。

技巧四：向頂尖的人學習

找出你個人很欣賞的說故事高手，研究他為什麼高明。就像優秀的導演會分析頂尖導演的作品，或了不起的作曲家會研究莫札特的交響曲。你要找出你自己說故事時可以派上用場的大小技巧，諸如主題的選擇、說話的語調，或是如何從一件事過渡到下一件事，特定句子如何起頭，如何運用手勢，語詞的節奏，聲音的抑揚頓挫等等。

技巧五：不要輕忽熟悉的故事

我們很容易以為高明的故事一定要是原創的或至少是大家不熟悉的，才能吸引聽眾，但未必如此。事實上，敘述聽眾已知的故事有時候比敘述他們從未聽過的故事更有力量。那是心理學家庫尼（Gus Cooney）、吉爾伯特（Daniel Gilbert）和威

爾森（Timothy D. Wilson）最近一項研究的發現。[11]

研究人員以九十名哈佛大學生爲對象進行一連串實驗。其中一項實驗將參與者分成三人一組，兩人當聽者，一人被指派說故事。聽者先看十分鐘的影片故事，稱之爲影片 A。說故事的人在另一個房間看影片 A，或完全不同的另一支影片，稱之爲影片 B。三人重聚，說故事的人要花兩分鐘時間敘述剛看過的影片內容。

但在這之前，說故事的人被要求預測聽者對哪一種故事的反應較正面，是剛看過的影片 A 或從未聽到的新故事影片 B。絕大多數的說者都以爲聽者會比較喜歡新的故事，但事實剛好相反，他們對於新故事的反應比較負面。換句話說，說故事的人承受了研究人員所謂的「新奇的劣勢」（novelty penalty）。[12]

人爲什麼會喜歡聽已知的故事甚過沒聽過的？理由很複雜。三位專家提供的理由之一是，「不同於新故事，熟悉的故事能活化聽者關於過往經驗的記憶，因此比較可能激發豐富的情緒。」[13]

仔細想想頗有道理。有些電影看第二次、第三次會覺得比第一次看更有力量。聽一首你熟悉且喜愛的歌，往往遠比第一次聽別的歌感受更深刻。同樣的道理，當你的目標是傳遞訊息，運用聽者已經有情感連結的故事可以發揮很大的優勢。

我在多年前第一次嘗試透過說故事說服人時學習到這一點。我應邀爲我那所中學的畢業班致辭。如果你聽過這類畢業典禮的演說，你會知道內容很容易達不到效果或流於平淡，即

使演說者要傳遞的訊息真的有很深刻的智慧。如果聽眾是一群中學生老鳥和家長，失敗的風險就更高了。

但我下定決心不讓這種情況發生。我要傳遞的訊息很簡單：人生寶貴又短暫，不應該浪費生命。我知道傳遞這個觀念的最佳方式是透過敘事，因此我利用一則我知道聽眾既熟悉又能產生情感共鳴的故事——史考特（Ridley Scott）的反烏托邦傑作《銀翼殺手》（*Blade Runner*），那是改編自狄克（Philip K. Dick）的短篇小說《機器人會夢見電子羊嗎？》（*Do Androids Dream of Electric Sheep?*）。《銀翼殺手》探討的主要問題是：「身為人的意義是什麼？」

電影發生在未來的洛杉磯，人造的「複製人」與我們共存。主角是哈里遜·福特（Harrison Ford）飾演的戴克（Deckard）——原本是警察，這時擔任「銀翼殺手」，類似賞金獵人，負責追蹤與殺掉機器人。

很多聽眾都知道這些，幾乎每個青少年都至少聽過這部電影，不論是不是科幻迷，很多人就像我一樣非常癡迷。所以我善用這份熟悉，在演講結束前重述電影最後的經典一幕。

戴克要逃脫致命複製人羅伊的追殺（由演員豪爾〔Rutger Hauer〕精彩飾演）。羅伊拼命想要活下來，就像人類一樣，他相信值得為自己的生命奮戰。在拍攝得很淒美的暴風雨中，戴克在公寓屋頂奔跑，最後懸在一棟房子的邊緣，眼看就要跌下送命。這時羅伊做了一件複製人應該不會做的事——他救了追捕他的戴克。然後羅伊說了該片著名的「雨中之淚」獨白，

比我讀過的任何文字更優美地傳遞生命的寶貴和短暫：

> 我見過的事物是你們人類無法置信的。我看過戰
> 艦在獵戶座肩上熊熊燃燒，也看過鈶射線在唐懷瑟之
> 門旁的黑暗裡閃耀。那些時刻都將消失在時間的洪
> 流，就像雨中的淚水。我的死期到了。

羅伊在生命結束前的行為表現充滿人性，他救了一心要殺
他的戴克。就連一個想要殺死賞金獵人的機器人都無法否定人
命的寶貴價值，知道生命很短暫，中學生更不應該浪費他們的
生命。

那是我給畢業生的最後一句話，我希望能鼓勵他們在短暫
的人生中盡情體驗，這也是我的人生計畫。典禮之後，朋友的
父母和家人紛紛走過來說他們很喜歡這個主題（我和他們素未
謀面）。但如果聽眾從未看過那齣電影或從不曾被電影感動，
或那齣電影沒有趕上當時流行文化的風潮，這則故事就不會那
麼有力量。他們的腦中會浮現我敘述的場景，也就是說，他們
會身歷其境。

故事耳熟能詳不代表就無法成為傳遞具說服力訊息的理想
載體，在某些情況下，我們最需要的正是熟悉感。

　　人類從遠古時期就會說故事給彼此聽，這是我們能存活至今的理由之一。我們透過故事敘述歷史，傳達價值觀，整理新資訊和理解周遭的世界。

　　所以當你聽到、看到強有力的故事，要好好記住，不論是私人的生活趣聞或有名的文學作品，獨特的經驗或老掉牙的流行文化。你收集的故事一定要包含目標、阻礙和解決，而且要充分吸收，變成你的故事。

　　如果你的目標是要別人改變心意，激發人們採取某種行為，學習敘述有意義的動人故事很重要──所發揮的效果是再多的邏輯論點都遠遠不及的。說理或許能凸顯我們為什麼應該相信某個事實，但高明的故事可以發揮更大的作用：將我們帶到另一個時空，自己來看見或體驗那個事實。

　　就像心理學家海德特（Jonathan Haidt）說的：「人腦是故事處理器，不是邏輯處理器。」[14]

第三章

絕對不要只想著成交

這輩子只有一件重要的事：讓他們在虛線上簽名。

記住六個字：永遠想著成交，

永遠想著成交⋯⋯

你有興趣嗎？我知道你有，

因為生意談不成就得滾蛋，

無法成交你就得走人。

你有興趣嗎？

——電影《大亨遊戲》裡的布雷克（Blake）

如果你的思考和行為完全從交易的角度出發，恐怕會破壞你嘗試說服的努力。當然，說服就是要讓人點頭。但這是短程思考，最後絕無法真正說服人。要讓別人認同你，你必須讓對方清楚知道，你在乎的絕不只是你自己眼前的利益。

要培養具說服力的性格，一定要在所有的人際互動中做一個真實的人。如果你的目標是贏得別人的支持，強調你的人性特質與建立人際關係才真正有幫助。

當別人要說動我們做出某種決定，我們通常會評估傳遞這個訊息的人，包括他的性格和動機，在我們的評量中這些就和其他因素一樣重要。我們會自問：「這人值得信任嗎？」或「我可以想像和這人做生意嗎？」或更常見的，「這對他有什麼好處？」或「他的思考角度是什麼？」如果一個人明顯的目的就只是要我們買東西或簽合約，你會看得出來，也就會讓這人更難信任，更不具說服力。

說服並不是強制聽眾做你希望的事，而是要吸引他們自己得到特定的結論。人們總是寧可被拉著走而不是被推著走。要吸引別人認同你的立場，一個方法是透過最人性化的活動挑起聽眾的情緒——也就是說故事。

接著要探討哪些性格特質和習慣會讓別人了解：你與他的互動不只考量眼前的利益，而是與更**廣大**、**長期**、**人性化**的價值有關，從而有助於拉攏別人。培養這些特質的重點通常就是要避開常見的錯誤，以免與人互動不真誠或太偏重交易。首先你要拋開關於「說服力」的很多傳統觀念。

◇ 為什麼說永遠想著成交絕對是錯的

一九九二年的電影《大亨遊戲》改編自馬梅特（David Mamet）的戲劇，在經典的一幕中，亞歷·鮑德溫（Alec Baldwin）飾演的布雷克站在整個辦公室的銷售員前方，進行基本銷售技巧的補救課程。他的主要訊息是：「永遠想著成交。」這句歷久不衰的銷售金句早在數十年甚至更早之前就已存在，但這句話剛好完全錯誤。

事實上，「永遠想著成交」的銷售法正是深度說服的大敵。這種做法在以前或許還行得通，但在信任感極低的今日社會，我們需要的是完全不同的說服方式。這句惡名昭彰的格言背後有一個基本假設：一個人在說服他人的過程中，所有言行都應純粹以爭取對方點頭為目的。重點是積極地迫使對方做出你希望的決定，不論是否符合他的利益，你就是要不計代價想辦法成交。

這是最粗糙的短程思考和操縱，而且是無效的操縱。人都不喜歡被迫做決定，而會想要依照自己的方式、理由、時間來為自己做決定。

人們可能原本就直覺你的動機不單純，如果你的態度又是咄咄逼人、喋喋不休，只會印證對方最糟糕的推斷。這會讓他們想到，對你而言，眼前的決定純粹是為了交易，你可能正無所不用其極地要讓他們照你的想法去做。我的另一位偶像史普林斯汀（Bruce Springsteen）在歌曲《惡地》（*Badlands*）裡

簡單有力地描繪出這種人性觀：「窮人想致富／富人想當國王／國王不會滿足／除非統治全世界」。

《惡地》說的是人心永不滿足，永遠想要更多；正是這種不計代價一定要贏的態度扼殺了說服力。在多數說服性的互動中，人們已經知道你對他有所圖。要將這種情況提升到超越純粹交易只有一個方法，就是讓他們看到，除了眼前的利益，你還在乎別的——你不只是想要致富、當國王或統治一切。所以如果你發現自己落入「永遠想著成交」的模式，你的方向絕對是錯的。

◇ 不要做品牌，要做人

過去幾十年，人們不知何時開始流行把自己當做品牌來經營。這個概念可追溯到一九九七年商業雜誌《快公司》（*Fast Company*）刊登的一篇著名文章，〈你就是品牌〉（*The Brand Called You*）。[1] 從那之後，人們相信可透過培養自己這個品牌來發揮說服力，而且這已定型成傳統智慧。「經營個人品牌」成了商學院的重要課程，但多數人在更早許多的教育中就已接觸過這個觀念。[2] 大學生常被教導，塑造個人品牌可幫助他們在畢業後發展順利。就連中學生都被勸告要建立個人「品牌資產」，以便進入夢想的大學就讀。[3] 這個說法的基本概念認為，你應該細心量身訂製一個完美的公共形象，在所有的社交媒體塑造一致的「品牌聲音」，如此有助於將自己行銷給全

世界。

　但筆者就是一個每天都和頂尖品牌合作的人，我發現這整套思想都已過時。「經營個人品牌」的觀念係建立在一種已不再適用的品牌概念上。依照這套觀念，品牌是經過精心打造的企業識別（corporate identities），策略性的設計只爲達到一個目的：獲利。一言以蔽之，就是交易。

　但品牌已經不是這樣了。事實上，今日多數品牌都竭盡所能遠離這個觀念。Mekanism 的很多工作都是要讓品牌具有意義，激發眞正的情感共鳴。換言之，我們的工作是要讓品牌看起來更人性，更可親。這便是我們很重視說故事功力的原因。

　我們會請客戶投資不以獲利爲目標的計畫，也是基於這個理由。Mekanism 發展出一套「行善企業」計畫（Make Good），協助品牌找出核心意義——超越獲利的存在理由。接著我們會協助客戶找到與其意義相符的社會公益，透過不是純粹追求私利的方式推動此社會公益。這麼做會讓品牌變得更有深度。

　這麼做是必要的，因爲舊的獲利導向、一心爭取成交的品牌模式會讓消費者興趣缺缺。根據最近的「有意義的品牌」（Meaningful Brands）調查，美國人不在乎他們所使用的四分之三品牌明天完全消失。[4]

　反之，品牌若顯示他們在乎的不只是獲利，反而更能引起消費者的共鳴。二〇一八年的諾維利目標研究（Cone/Porter Novelli Purpose Study）發現，88%的消費者會向意義取向的

公司購買產品。也就是說，四分之三的美國人不在乎他們使用的產品，但88%的人會購買有意義的品牌。這些數字太驚人，讓人無法忽視。所以現在的品牌不只要提供產品或服務，不只要獲利，**同時**還要能代表某種意義。在這方面非常成功的品牌包括我們的客戶班傑利公司（Ben & Jerry's），他們利用冰淇淋對抗種族歧視，推廣公平貿易，鼓勵投票；另一個例子是利用「買一副，捐一副」的模式創立公司的 Warby Parker 眼鏡；當然還有戶外服飾品牌 Patagonia，他們保護環境的努力已發揮了全球性的影響力。

會讓我們產生情緒反應以及自然會與之建立關係的對象不是企業，而是有血有肉的人。我們的工作就是要協助品牌培養人的很多特質，方法之一是賦予他們超越純粹獲利的目的和意義。行銷研究人員稱此現象為「品牌擬人化」（brand anthropomorphism），基本上就是幫助品牌變得更像人。有很多文獻致力發掘品牌擬人化如何展現神奇的說服力，以及真正讓品牌更具人性的因素。[5]

這便引發一個明顯的問題：如果品牌這麼用心要變得更像人，為什麼人們迫切要變成舊式的品牌？事實上，性格具說服力的人反而會避免掉入傳統品牌經營讓人倒胃口的很多特質，尤其是汲汲於追求利潤最大化和對外在形象的執迷。

諷刺期刊《洋蔥報》（*The Onion*）有一則標題的背後便是蘊含這種見解：〈只有可悲的人會說「我就是品牌」〉。文章順帶提到這個虛擬人物時這樣描述：「一個很糟糕的人……無

可救藥」。[6]

◇ 兩個品牌的故事

難怪近年來我看過嚴重的行銷錯誤，都是因為公司印證了人們對於品牌的負面成見。我最喜歡提的例子是麥當勞幾年前推出的「創造你的口味」活動。他們的基本構想是要讓顧客利用店內的觸控螢幕創造客製化漢堡。顧客也可以上網提交創意，讓大眾票選最喜歡的漢堡。

但這個活動在紐西蘭推出後，很快變成惡搞鄉民的目標。網站湧入各種不恰當的提案，諸如「肥屁股漢堡」、「瘦子專屬漢堡」。[7]

活動的立意是好的，麥當勞是想要顯示他們很在乎顧客的獨特口味，願意多花心力讓顧客可以發揮些許創意來掌控菜單。活動被一群小丑綁架不是他們的錯。但當情況變得有些危險，麥當勞卻沒有做出人性化的回應：沒有像一般人一樣承認這個不愉快的事件，發表評論，也許甚至可以稍微自嘲一下，反而是關閉網站，假裝什麼事都沒發生。

另一個知名品牌沃爾瑪在進行群眾外包（crowdsourcing）時也發生類似的狀況。二〇一二年，沃爾瑪推出一項活動，承諾讓唱片歌手嘻哈鬥牛㹴（Pitbull）蒞臨臉書獲得最多讚的沃爾瑪門市現場表演。就像麥當勞一樣，這項活動是想要超脫冰冷的交易，和顧客有更多互動，辦一場不只是追求最大獲利的

活動。彷彿說好接力一樣，惡搞鄉民再次襲擊。兩個惡作劇的網友使用標籤 #ExilePitbull（放逐嘻哈鬥牛獚），發起活動要送那位饒舌歌手到美國最偏遠的沃爾瑪——阿拉斯加的科迪亞克島，人口僅六千一百三十人。[8]

沃爾瑪大可以像麥當勞那樣，默默關閉活動以減少損失，不過就是又多了一家公司為了保護形象而採取安全的做法。但他們不是，而是將錯就錯。嘻哈鬥牛獚發布一支影片，宣布他真地要去阿拉斯加的科迪亞克島。他解釋：雖然是「因為某人的惡作劇，但你們要明白，我會為了粉絲走到天涯海角。」[9]他的下一步才是真有才，他邀請發起惡搞行動的人，《波士頓鳳凰期刊》（*Boston Phoenix*）的作者索普（David Thorpe）和他一起去，甚至貼出兩人的合照。

沃爾瑪做出人性化的回應，因而能夠將原本可能釀成大錯的事件轉變成一波正面的宣傳與商譽，結果該活動的報導比之前更多。畢竟，任何人聽了這則故事後，很難不站在沃爾瑪（一個品牌）那邊，而不是支持那個想要霸凌沃爾瑪讓公司丟臉的真實人類。

⬡ 不要浪費你的人性

品牌要讓人感覺像人，需要很多思考、努力和運氣。但你我已經是人，如果你的目標是發揮說服力，最不應該做的是就是浪費這個優勢，把自己包裝成只是另一個「品牌」。

人比品牌更具說服力。想想尼爾森二〇一五年的全球廣告信任調查（Global Trust in Advertising Survey），此調查檢視消費者最可能信任的廣告類型，結果發現到目前為止最廣受信任的形式是親友的推薦，83%的受訪者表示至少多數時候會信任親友。但三分之二的人表示，他們傾向於信任不認識的網友評價。相對的，品牌贊助和電郵得到的信任少很多。[10] 總的來說，很多人寧可信任陌生人而不信任品牌。

這不值得驚訝，因為人類至少有可能會表現無私的行為或為了公益而犧牲。事實上確實有人會受到超乎金錢的價值觀和目標所驅使，而且我們會在乎公平、友誼、忠誠之類的價值。當然，多數說服性的互動本質上都是為了交易——你想要從他人身上得到什麼。但聽眾還需要別的東西才會被說服，他必須直覺知道說服者在乎的不只是讓他點頭。成功的說服者是有深度的，會在乎意義。

把交易拋到九霄雲外

「永遠想著成交」的做法和當前的「個人品牌熱」都是曾經流行但已過時的說服法。這些策略特別強調說服性互動的交易性質，淡化或完全忽略真正能讓人改變心意與採取行動的人性考量。相較於這些短程思考的說服技巧，最好的做法是能夠犧牲眼前的利益，著眼於更大的格局——我喜歡稱之為**持久戰**。

◇ 打持久戰

交易是要得到你想要的，打持久戰則是要建立關係。「永遠想著成交」是要迫使他人做某件事，打持久戰則是從人性的層次與人互動，拉攏對方認同你看事情的角度。舊的交易法等同告訴聽眾，我在向你推銷東西，打持久戰則是不把重點放在眼前的決定。

我見過打持久戰打得最好的人可能是傳奇的人才經理高登（Shep Gordon）。他是娛樂界一些極精彩表演的幕後推手，包括艾利斯·庫柏（Alice Cooper）、金髮美女（Blondie）、瑞克·詹姆斯（Rick James）、吉米·亨德里克斯（Jimi Hendrix）等。名人主持的概念也是他發明的，他旗下的主持人有名廚拉加西（Emeril Lagasse）、帕克（Wolfgang Puck）、巴魯（Daniel Boulud）等。[11] 好萊塢、英國皇室、甚至是達賴喇嘛都很喜歡他。

最厲害的是，高登縱橫娛樂業與餐飲業超過半世紀，掌握一堆大咖客戶，卻從來沒有簽過正式合約。他的這些關係完全是靠握手建立的。握手！他說，他從來不喜歡談合約，「因為我不要有簽約那一刻。我的意思是，如果你覺得我給的東西沒有價值，或認為這是單向的關係，那你可以去找別人。」[12] 他對自己的能力和才華就是這麼有自信。

他做的是**同情事業**——他的形容方式是類似使用「優惠券」，那是客戶或朋友遭遇困難時他提供的幫助或借款。例如

傳奇喜劇演員馬克斯（Groucho Marx）後期陷入困境，他便將部分「優惠券」兌現，幫助馬克斯重振事業。

這種做生意的方式讓那些與他合作的人從一開始就知道，他感興趣的不只是眼前的交易，而是長遠的關係。全球最大牌的明星會放心地託付他關照他們的利益，這種關係是主要原因。當然他放棄了不少薪酬，但如果他一心只想著爲自己創造最大的財富，絕無法擁有今天這麼大的成就或影響力。想想，他可以和達賴一起旅行呢！這就叫結善緣。

有一個例子可以說明高登經營事業多麼高明，那就是他帶庫柏從美國到倫敦溫布利球場（Wembley Stadium）表演。「那場表演有上萬個座位，我們只賣了五十張票。我心想，要如何讓英格蘭人認識而且在乎庫柏是誰？」

高登能建立起這個歌手的事業，是因爲他想到一個簡單的事實：青少年喜歡做父母**不許**他們做的任何事。於是高登想出一個快速又低成本的計畫。他印了一張庫柏的巨幅照片，全裸，只有一隻蛇纏繞身上，貼在移動的卡車車身。接著他花錢請司機一定要讓車子在尖峰時間在皮卡迪利圓環（Piccadilly Circus）故障，讓交通陷入癱瘓。高登還爲了挑起所有英國小報的興趣，讓他們知道皮卡迪利圓環將發生大事，一定要去報導。於是在尖峰時間的皮卡迪利圓環，可以看到超大看板上全裸的庫柏身上纏繞一隻蛇，幾十家新聞媒體都來拍照，地方新聞頻道也沒缺席，現場還有數百名警察和一群受困的倫敦人。青少年愛死這一招，成年人咬牙切齒。隔天庫柏上了所有的小

報和新聞，而溫布利球場的演唱會門票在二十四小時內銷售一空。此外，他們的反父母國歌《不用上學》（*School's Out*）也登上英格蘭排行榜冠軍。正因高登具備這樣的活力、大膽和敏捷的思考，讓客戶少不了他。所以握手就足以確認合作關係。

紀錄片《超人：高登傳奇》（*Supermensch: The Legend of Shep Gordon*）就是介紹高登和他那一套讓客戶愛不釋手的風格。片名再適合不過，Mensch 是意第緒語，意思是誠信高尚的人，可直接譯成「人類」。

握手和打持久戰甚至對我自己的事業也同樣有效。我的朋友畢爾（Jon Bier）經營泰勒公關公司（Jack Taylor）。多年來我們發展出很好的關係，會互相幫忙，幫彼此介紹客戶，腦力激盪，在各種情況下互相照顧。幾個月前，畢爾和我分享一個真的很天才但有點難以置信的事業構想。他和夥伴安德伍德（Brent Underwood）計畫投資加州因約山區（Inyo Mountains）一個真正的鬼鎮，大約在洛杉磯北方二百哩。[13]那地方叫塞羅戈多（Cerro Gordo），是真正的西部荒野，有舊式的髮廊和戲院，這時正在拍賣。塞羅戈多的意思是「平坦山丘」，有二十二棟建築，包括一間教堂和一棟廢棄的飯店。在十八世紀末，那裡是加州最大的銀礦生產地，現在處於相當破敗和原始的狀態，據說還鬧鬼。畢爾和安德伍德計畫把它變成有很多現代設施的度假勝地──但不要破壞它的歷史特色。

他們要我也投資參與。畢爾來找我，問我要不要將辛苦賺來的錢投入廢棄的鬼鎮。

換作是他以外的任何人，我幾乎都會心生懷疑（不只是一點點懷疑而已）。畢竟畢爾是要我拿錢到鳥不生蛋的地方投資破敗的建築。你還能更像《大亨遊戲》裡的銷售員嗎？但這可不是隨便什麼人在推銷。我和畢爾已建立了很好的關係。他總是無償提供建議，從來沒有想要利用這段關係。我很清楚，他若不是認為這項計畫對我有利，決不會來找我。於是我開了一張支票給他──只依據一項判斷，就是他在我們的關係當中讓我看到的性格特質。就像高登一樣，握手對我而言就已足夠了。他打的是持久戰，在這個案例裡我很樂意為此獎賞他。我們的其他朋友也是如此，包括哈樂代（Ryan Holiday）、伊索科皮拉（Tero Isokauppila）、慕尼（Kelley Mooney），以及其他信任別人、能夠為畢爾和安德伍德掛保證的好人。

◇ 推銷易生反效果

　　打持久戰發揮影響力之所以很有效，是因為可以處理說服性溝通的核心弔詭：當一個人認為別人要說服他，通常便比較不可能被說服。

　　不妨來看看心理學家沃斯特（Elaine Walster）和費斯汀格（Leon Festinger）一九六二年的研究。他們的目標是評量一件事：聽者無意中聽到別人傳遞的說服性訊息（說者不知道被偷聽），會比公開傳遞的訊息更具說服力嗎？為此他們進行一項實驗，對象是史丹福大學心理學入門課的學生。

參與者被分成幾組，帶去參觀心理學實驗室，表面上這是課程的一部分。過程中參與者被領進觀察室，在這個小房間裡，學生可以透過單向鏡子看見大房間裡的情形，還可以用耳機聽，就和警察電影裡的偵訊室一樣。

單向鏡子的另一邊有幾位研究生在那裡聊天。帶領參觀的人解釋，觀察區不常使用，因此研究生常把它當做休息室。接著參與者被要求聽研究生談話，練習「盲目聆聽」（blind listening）技巧。

接下來就是有趣的地方了。有些參與者被告知，玻璃另一邊的研究生**不知道**有人在聽。因此，對這些參與者而言，等於在偷聽私人對話。但有些參與者被告知，研究生完全清楚鏡子另一邊有人在聽。

在兩種情況下，研究生都是在進行冗長詳盡的討論，解釋抽菸其實不會導致肺癌。他們援引一堆虛構的科學研究，說明抽菸甚至可能有益健康，因為能幫助人放鬆。這當然完全是鬼扯，但研究生說得頭頭是道，乍聽似乎有理。

果然，相較於知道研究生是在為觀眾表演的參與者，自以為偶然偷聽到對話的參與者，被這假論辯影響的程度明顯較大。換句話說，（看似偶然）偷聽到的訊息證明比刻意被告知的訊息更具說服力。

沃斯特和費斯汀格提出一個可能的理由：訊息若是公開傳遞，聽者可能懷疑說者是想要影響他們，說者是出自不可告人的動機。但若是偶然聽到，你甚至不會產生這樣的念頭。[14]

就你所知，說者完全不知道你在聽，所以他怎麼可能是爲了要說服你？

這很有道理。如果推銷員直接告訴我，我應該買 iPhone 而不是安卓手機，我第一個想到的可能是：「這對他有什麼好處？」但如果我偶然聽到那人在收銀機後告訴同事 iPhone 爲什麼比較好，我就會相信。我不會想到他是要影響我。

你當然不會聘請演員在大街小巷走來走去，不經意地宣揚你的訊息，希望會被偶然聽到。但強迫推銷確實很難改變人們的信念——這也許是最糟糕的一種方式。人們必須知道他們是自己決定要不要信任你、你的立場是否值得支持、他們是否應該購買你銷售的東西。讓他們自己決定，而這就需要打持久戰。

◇ 「影響者」的稱呼其來有自

廣告主現在會採取所謂的「影響者行銷」（influencer marketing），從中可看出打持久戰如何發揮說服力。這種銷售法是仰賴社交媒體名人的影響力——這些人現在被稱爲「影響者」。

一個人能夠在 YouTube 和 IG 等平台累積大量追蹤者，主要是靠持久戰。他們公開坦承自己的價值觀、興趣和性格，因而能建立粉絲的信任。粉絲透過數月或數年間每天接觸而逐漸認識與喜愛這些人。蓋恩（Brendan Gahan）是 Mekanism

社媒與影響者行銷部門巨訊（Epic Signal）的主管，他寫道：「YouTubers（尤其是影音部落客）能夠與粉絲建立特殊的關係，對觀眾而言，感覺就像彼此有長久深厚的友誼一樣親密。」[15]

因此當一個 YouTuber 傳遞品牌訊息，就能賦予產品一定的可信度與說服力，那只有透過影響者對粉絲所做的那種長期付出才能辦到。因此，一個有力的社群媒體影響者所說的一句話，就能癱瘓線上零售網站或號召群眾參加某項活動。

這些人並不是品牌，多數也不是從事快速銷售的行業，而是很善於經營人性化的真實關係。換句話說，打持久戰就是要像這些網紅一樣，培養讓你深具說服力的那種信任、尊重和影響力。

如何打持久戰

要培養這種性格，你必須遵循一些規則，才能透過打持久戰持續得到豐厚的成果。

規則一：永遠不要推銷你自己不會買的東西

概念很簡單：如果你自己都不相信你推銷的某個觀念、產品、度假景點、餐廳或音樂會，你就不應該銷售。就是這麼簡單。

你也許可以偶爾不太真誠而不出事，但如果你經常推銷你

並不真的相信的東西或甚至你只是沒有明確的看法，那你很快就會吃到苦頭。一段時間後，別人會從千百種地方明顯看出你不是值得信任的人，而且這個名聲你絕對當之無愧。

此處的挑戰是人生永遠會給我們違背此原則的誘人機會。總有些時候，採取你不是真正支持的立場會比較方便，或是可能帶來豐厚的報酬。因此，每當你的目標是讓某人改變心意，一定要問自己：「我是否認為這人若採取我的立場會更好？或者我只是想要影響他，以便讓我自己更富有、生活更輕鬆、避免掉更多工作或達成其他目標？」

答案通常很明顯，但未必總是如此。我們具有不可思議的自欺欺人能力，尤其當事實阻礙我們滿足立即的慾望時，這種能力更是發揮得淋漓盡致。在說服他人之前先花點時間誠實面對自己，就比較不容易放任這個衝動。

首先要刻意地決定承擔責任，拒絕說服任何人去做你自己不願做的事。

〔枯萎的藤蔓：不誠實說服的高昂代價〕

我將自己一些最失敗的經驗轉化成學習的機會，某些經驗與我銷售自己不相信的東西直接相關。一個印象深刻的例子是幾年前，我的一個同事想要投資當時炒得火紅的社媒科技，叫做藤蔓（Vine）。有些人可能不記得，Vine 是推特旗下的影音平台，讓使用者張貼六秒的影片重複播放。那是迷你版的YouTube，也是臉書與 IG 等類似服務的前身。當時感覺就像下

一波大熱潮。

　　我的同事里察迪（Andre Ricciardi）認為，Vine 的一大問題是觀看影片有很多具體的限制。舉例來說，你沒辦法整理或搜尋 Vine 的影片。沒有專用頻道，也沒有單一地方可以集結影片。他的構想是使用 Mekanism 的資源建立一種等同 Vine 搜尋引擎的東西，我們很適切地將之命名為 PEEKit（看看）。他和我的一些同事第一次找我談這個構想時，他們覺得這是一生一次難得賺大錢的機會。當時推特正在大事併購，花錢買下 TweetDeck、Tweetie 等公司。[16] 所有那些科技提供的就是以更好的方法整理和觀看推文，我們推想，如果我們能為 Vine 影片做同樣的事，推特也會讓我們賺大錢。

　　不僅如此，一旦 Vine 起飛了，我們就能將客戶拉進來，讓他們在 PEEKit 的 Vine 頻道享有優質時段。當時，Mekanism 已經在社媒行銷界享有領導地位，因此這似乎是利用此名聲再上層樓的明顯方法。且推特是在 Vine 還沒有推出服務就先買下它，更顯得我們的推論很有道理。如果矽谷的億萬富豪對這項產品那麼有興趣，我們推想那表示裡面一定蘊藏金礦（而不是銀礦）。於是我和夥伴同意投入。

　　但我的內心一直沒有成功在望的直覺感受。坦白說，我不了解為什麼有任何人會使用 Vine，或 Vine 為什麼引起那麼大的注意。我當然也不確定人們是否需要一個網站來集結和搜尋這些超短的影片。我的意思是，推特的重點是無拘束的精簡思想和談話，拍得不怎麼樣的六秒影片不是推特經驗的核心。

我們的製作團隊密集研究了幾個月，還投入了大量金錢，終於建設起網站開始營運。我向客戶宣傳，盡最大能力解釋爲什麼這對他們的品牌是絕佳機會。

二〇一七年一月，推特關閉 Vine，但更早更早之前，早期的熱潮便已消退。事實是很多人對 Vine 的感受和我一樣。Vine 沒了，PEEKit 也跟著倒了。

這不是我協助創立而沒有成功的第一項事業。我的未來還會有跌得狗吃屎的類似經驗——當你支持任何新事業時就不免要冒這個風險。這個案子尤其讓我最不安的，不是耗費在建立和推廣平台的時間和金錢，而是我在連自己都不相信的情況下還嘗試銷售這項產品。我看到可以快速獲利的機會就倉促跳下去，這是從交易的角度思考。如果當初我打持久戰，我會誠實面對自己不相信這項事業的事實，謹慎靜待我眞正想支持的機會。

原則二：說不的簡單力量

從某個角度來看，這是前一項原則的另一面向。如果你只採取你眞心認同的立場，你將必須對一大堆事情說不。傳統智慧告訴你，如果你的目標是說服某人，能說好的就應該盡可能說好。但沒有人會信任好好先生或小姐。爲什麼要相信？如果你說話經常只是爲了讓別人自我感覺良好，你就不是可靠的資訊來源。反之，如果你是很眞的人，有熱情、原則、誠信——簡而言之，一個有品格的人——你會勇於說不。同樣的道理，

如果你關心對方的長遠福祉，而不只是想要從他的身上得到什麼，你就必須告訴對方，你認為他的想法是錯的，而不只是任由他犯錯，有時候基於彼此的關係就應如此。

如果我認為潛在客戶的行銷策略思慮不周或前後不一，對方直接請我提供意見，我會說出他的品牌需要改進的地方和理由。我的說法會很專業，並尊重對方的意見，尤其當我和他不是很熟識的話。有時候你也要勇於告訴潛在客戶，你可能不是最適合處理特定案子的公司或個人。我曾經碰到客戶提出非常誘人的報酬，但因為時程太緊迫或我們沒有適當的人力可以完成，我還是必須拒絕。我們大可以說「沒問題」，拿了錢，給一份平庸的作品，但結果他們很可能再也不會上門了。

當然，當你說不時，情況未必都會很順利，因為這不是人們喜歡聽到的。當對話的氣氛愈來愈緊繃，你在壓力下會很想要讓步。這種時候你必須奮力抵抗。如果某人——客戶、同事、鄰居或任何人——提出的要求是我自己基於誠信所不能做的，我不介意得罪人。只要你有正當的好理由，堅持立場和不畏懼一點點衝突，不只是個可以接受的做法，也更值得令人尊敬。反之，若只為了一點小利而違背你的原則去安撫別人，長期下來會讓你的影響力減損很多。

你應該在重要的時候願意說不，而且是不假思索、反射性的。從說服的觀點來看，這個習慣也有策略上的益處，至少對於打持久戰的人是如此。如果你有機會輕易得到讚美或快速賺錢卻願意捨棄，會讓對方知道你在意的不只是成交賺錢或得到

你要的答案。這會讓你顯得更值得信任，最重要的，凸顯你很有人性。英語最有力量的字莫過於「no」，懂得說「不」能幫助你在時機來到時抓住理想的工作、職位或機會。

〔普力斯如何利用說不的力量創造歷史〕

普力斯（Martin Puris）是廣告史上我最喜歡的人物之一，他讓我對說「不」的力量有很深刻的領悟。商業史上一些最傳奇的廣告標語都是出自他的創意，例如 BMW 的「極致駕馭工具」（The Ultimate Driving Machine）。

這句廣告標語持續使用超過四十年，這是前所未聞的成就。這句話讓德國巴伐利亞（Bavarian）名不見經傳的汽車廠，搖身一變成為美國豪華車品牌中可能最經典的車款。但我和普力斯談話後才得知，若不是因為他能夠在重要時刻說「不」，就不可能樹立廣告史上的這個里程碑。

一九七四年，普力斯第一次有機會為 BMW 的業務比稿，就在他與夥伴安米瑞提（Ralph Ammirati）和埃魯提克（Julian AvRutick）創立廣告公司 Ammirati Puris AvRutick（後來簡稱 A&P）之後幾個月。三人都是從原本較大的公司跳出來，希望自立門戶，創造顛覆傳統、創意十足的作品，改造那個時代的廣告產業。

一開始，沒有人會誤以為 A&P 是麥迪遜大道（Madison Avenue）的時髦廣告公司。除了一名祕書，Ammirati Puris AvRutick 不只是公司名，公司根本就只有名稱上這三個人。他

們的工作地點是紐約的戴爾莫尼科飯店（Delmonico Hotel）。

按照普力斯的敘述，剛開始那幾週他們都很興奮。不幸的是，這家新公司開業後還未找到半家新客戶，這是很大的問題，因為再幾星期公司就要徹底破產了，老闆將被迫回頭幫別人工作。A&P 看起來愈來愈不像前程似錦的廣告公司，比較像三個男人在租來的飯店房間殺時間。

A&P 開頭幾個月會沒有生意不完全是偶然，事實上有點是故意的。A&P 的創辦人（尤其是安米瑞提）不喜歡透過標準方式建立客戶群。按照他的說法：「若是一開始接一堆阿貓阿狗的案子，你一輩子剩餘的時間就都得花在提升品質上。」這不是 A&P 做事的方法。他們投入這個事業是要為優質客戶做出傑出的作品。拼湊一堆小客戶也許能讓公司維持不倒，但這樣一來將更難爭取他們心目中的業務：「沒有一家像樣的績優客戶會找這種廣告公司，我們要的是績優客戶。」因此他們剛開始推掉很多業務，相信說「不」的力量能讓他們晉身 A 咖行列。

他們偶然得知一家歐洲車廠 BMW 剛好認真考慮打進美國市場。普力斯透過揚羅必凱廣告公司（Young & Rubicam）的老友聯繫上，沒多久 A&P 便投入爭取這個客戶。但 BMW 可不容易爭取。另兩家公司——規模較大的 Benton & Bowles 和 Ted Bates ——也都有機會。兩家公司和頂尖品牌合作都已有數十年的經驗，包括百威、M&M 和高露潔牙膏等。

不僅如此，普力斯很快就明白，將 BMW 引進美國市場並

非易事。這家車廠自己定位爲豪華品牌，但他們的車和美國消費者對豪華車的期待相去甚遠。一九七〇年代初是大型豪華車的黃金時代，通常就是以俗麗的大片方型金屬、鉻合金和塑膠構成，附上一堆沒必要的配備，像是電動調整座椅、儀表板的卡蒂爾時鐘、木飾板等。如果你花很多錢買車，你會期待一大堆配備，以及豐富的顏色選擇。BMW 2002 卻是一輛小型轎車，讓很多人聯想到雪佛蘭 Corvair，沒有一個美國人會將之與豪華車連在一起，售價卻又高到可以和凱迪拉克相比。

有一次普力斯到慕尼黑和 BMW 的一位工程師談話，對他們的品牌識別以及如何呈現給美國人有了第一次重大的洞察：BMW 重視內涵甚於形式。工程師若不必向任何人負責、可以丟開古板機構的規範，建造自己想要的車，就會是這樣一部車。這部車的目標消費者是評量車子時看重性能甚於外觀的人。

普力斯確切明白，這樣的車子能吸引哪一種美國人——就是像他這樣的人。他比絕大多數人更早體認到，有一大群（且愈來愈多）像他一樣的人，懷抱一九六〇年代特有的反文化熱情，同時積極追求專業（當然還有財務上的）成功。BMW 體現了一個概念：「卓越本身就是值得追求的價值」，如果有任何人擁抱這個概念，那一定是富裕的嬰兒潮世代。

不僅如此，普力斯看到一個明顯的事實：他的父母那一輩覺得那麼了不得的那種豪華車會讓他這樣的人感到乏味。市面上沒有一種適合有錢年輕人的林肯 Continental，但 BMW 可以

是那樣一輛車。

　　洞察有了，接著需要的是執行，也就是創造出完美的廣告標語。他的第一個直覺是走機智路線，類似：「我們的地位象徵在引擎蓋下面，而不是上面。」但他知道這不適合，這句話雖然可以傳達那個概念，但有些太臭屁，好像認為自己很聰明而得意洋洋。

　　他繼續提出各種廣告詞，看哪一句最耐讀。有一句特別突出：「極致駕馭工具 VS 極致乘坐工具。」他覺得還是太玩弄文字遊戲。這樣的廣告詞也許在一次性的廣告中可以有很好的效果——他捨棄掉的很多構想後來確實也是如此。廣告標語必須以不容置疑的方式宣告 BMW 的企業識別，而最後這一句有種東西讓人覺得很真實。就像許多了不起的創意作品，關鍵往往在於深思熟慮的編輯。普力斯看著這句話，明白了該怎麼做。他心想，拋掉比較和花俏的詞彙，讓它簡單到底。關於這部車，消費者只需要知道一件事，他可以歸結為六個字：「極致駕馭工具」。是的，這是一部極致駕馭工具。所有的資金都投注在引擎蓋底下，而不是駕駛座的花俏裝飾。

　　普力斯知道這句廣告標語就足以成就大事，但他的夥伴不是那麼確定。他們抱怨，這樣太簡單，太冰冷實際，聽起來甚至不像廣告標語。而且，沒有人聽到「工具」這個詞會想到豪華。這些都是合理的批評，尤其考量這次比稿攸關 A&P 的存亡。這可不是做實驗的時候。

　　這時候，再次證明說「不」的力量極度重要。普力斯和同

事意見相左，堅拒讓步。他們創立公司是為了做出開創新局的了不起作品。如果最後會倒閉，不如做出真正原創的作品後倒閉。於是 A&P 到慕尼黑參加 BMW 的比稿，準備將整個事業押在六個字上，只有普力斯真的相信這六個字可以說服對方。

普力斯告訴我，他在比稿中揭露「極致駕馭工具」時，顯然他們已勝券在握。在場三位主管立刻轉頭彼此對望，開始低聲討論這個概念，從頭到尾頻頻點頭微笑。

但客戶雖然完全被說服，他們對 A&P 的儲備人才、穩定度，以及最重要的──出價，不是太滿意。接下來是一個月的討價還價。BMW 想要只買這句廣告詞，然後找另一家廣告公司做。

這時普力斯再次倚賴說「不」的力量，堅持全有或全無。普力斯說：「他們不斷說，『太貴了』，我們一再表明，『這不是出價，這是成本。』」這時已經是一九七四年末，他們公司的資金確切只夠再撐三、四週。普力斯告訴我：「這時 BMW 已知道，我們其實沒有其他客戶。我們就像達菲鴨，對吧？」再也沒有一種協商立場比他們更加弱勢了。

但那三位夥伴無意降價或放棄他們的廣告詞。其一，他們知道掌握最終決定權的人（BMW 的行銷長魯茲 Bob Lutz）很喜歡這個構想。普力斯記得：「他是那場會議中反應最熱烈的人。拒絕需要勇氣，但我們的答案一直沒變：如果你不要做，那就不要做。」普力斯事後聽說，魯茲告訴他的行銷團隊：「他們若不是世界上最聰明的人，就是他媽最笨的人。只有雇用他

們之後才會知道是哪一個,那就他媽雇用他們吧!」

A&P 拿下 BMW 時,現金只夠撐十天。一年的業務量九十萬美元(當時是大數字),這筆錢足夠他們支付帳單和雇用新人。

整體來看,一家小廣告公司的成功並不會改變世界。但普力斯的故事仍證明,說不的力量可以讓一個人實現他所相信的事。早期他拒絕找小客戶快速賺小錢,好讓公司維持下去。當同事要求他幫 BMW 設計較安全的廣告標語,他拒絕。當汽車廠要求降價,迫使他們必須在創意的理想上妥協,他拒絕。在每一個例子裡,普力斯都讓我們看到,他和他新創的公司在乎的不只是賺錢。那些決定最後發揮了很大的影響力,不只是在 BMW 的比稿上,在普力斯後來的生涯裡也是。

規則三:絕不要讓關係降到零

真正具說服力的人在乎關係甚於交易。因此,你要養成習慣去建立、維持、重視關係本身的價值,這對於培養具說服力的性格當然很重要。

一個有求於你才上門的人不太可能有什麼說服力,理由是他顯然一點都不在乎你。他和你沒有關係,也不想要維持關係。如果你特別用心去經營關係,說服力是自然會產生的效益。

依照我的經驗,最常見的關係殺手就是單純的忽略。若要維持關係不墜,花心思不讓任何關係降到零,你就成功一半

了，也就是絕不要和任何人太長時間沒聯絡。我會運用一些技巧讓保持聯繫變得稍微有點自動化，下面試舉數例。

〔設定提醒〕

設定重複性的提醒，讓你記得和某人聯繫，通常是一季一次。頻率要看對方是誰、你要維持怎樣的關係而定。但如果對方重要到必須列為你的聯絡人，也就表示重要到值得保持聯繫。

〔和四個人聯絡〕

每週找出四個人聯絡。不需要寫長長的電郵或打電話聊天，可以只是短短的簡訊：「我想到某某，因而聯想到你。」也可以是面對面談話或安排時間通電話。

我會確保和公司裡每個人定期一對一談話。這會占掉很多時間，但可以讓每個人都有機會和執行長分享他獨特的見解，讓我知道他們需要哪些資源才能有好的表現，或他們有哪些構想可以讓公司變得更好。這個習慣讓我可以和公司裡每個員工建立真正的關係，就這一點來看，這是很有價值的時間投資。

〔從社媒關係轉移到私人接觸〕

下一次當你想要透過社交媒體分享你的想法時——不論是推文稱讚新的電視節目或在臉書按讚某篇文章——請不要這麼做。不如想想你認識的人當中，有誰會特別喜歡你提供的推薦

或見解，然後寄幾封電郵或簡訊給他。換句話說，運用你的思想重新啓動人與人的對話。

〔將人拉在一起〕

找機會介紹人與人認識。你有某個客戶喜歡古典吉他嗎？不妨介紹他認識你的一個專門修復舊式吉普森 Les Pauls 型實心電吉他的高中同學。你的鄰居考慮讀法學院？介紹她認識你的一個在紐約大學法學院教民事侵權法的表親。不要強力促成互動，只要介紹認識，其餘的讓他們自己去進行。你的目標是重視關係本身的價值——這包括其他人的關係。

〔將拒絕視為「暫時拒絕」〕

將關係擺在交易前面的另一個原則是，不要將說服性的互動當做句點或決定勝負的「關鍵時刻」，而要當做開始，或者長遠關係裡的一個段落。

舉例來說，如果客戶在比稿後拒絕我，我不會認爲那是拒絕，而會視爲「暫時拒絕」。即使不久的未來也沒有明顯的機會可以改變客戶的心意，我也是如此。爲什麼？因爲我打算和這人保持聯絡，可能會和他再見面。到時候，那次的拒絕將只是我們關係中的一個插曲。我們的關係可以導向未來更好的新發展，也可能不會，但那次的比稿並不是關係的結束。

改採這種想法的一個益處是，比稿本身的壓力會減輕一些，讓我與客戶互動時更有自信更放鬆，沒有那麼拼命。這又

會讓客戶不覺得他被某個太熱切的銷售員強迫必須做出決定。如此可將重點從交易轉移到關係，即使其中的差異純粹是潛意識層次。如果你習慣性不假思索從這樣的角度看待各種情況，這就代表你的性格具說服力。

在我的職業生涯中，這種看事情的整體態度對我的幫助很多。事實上，我可以確切地說，如果我們沒有學會以這種方式把關係擺在交易之上，Mekanism 就不會爭取到目前的一個最大客戶──金融服務公司嘉信理財集團（Charles Schwab）。

我們和這家公司合作超過五年，但一開始要爭取他們的業務時，他們甚至不讓我們進門進行正式的比稿。我們沒有把嘉信的反應視為斬釘截鐵的「拒絕」，而是視為「暫時拒絕」。其後數年，我們的團隊很努力和那裡的接洽人保持關係。

我們一定記得每季寄電郵，告知我們的得獎紀錄和成績──不是誇耀，而是讓他們成為公司社群的非正式成員。最重要的是我們完全不求回報，也不是要推銷，而是維持關係，讓客戶多少了解我們做事情的方法，我們為其他客戶做了什麼。新年時我們會寄送印有公司標誌的禮物。如此持續保持聯絡，絕不讓關係降到零。

最後我們得到了一個小業務，我們把它當做事業中最重要的業務看待。

接著又有了另一個案子。果然，當嘉信理財集團要找新的廣告公司時，我們立刻成為競爭者，而且最後脫穎而出。這主要是因為我們持續保持聯繫，顯示出我們在乎彼此的關係。如

果我們要的只是合約，多年保持聯繫並不是很有效率的爭取方式。我們講求的是長期經營，也因此今天才能成為他們的合作廣告公司。

規則四：你自己也要投資

當然，建立長期的關係未必就夠了。很多時候你必須說服一個剛見面的人，這時候你必須想其他方法讓對方知道，你在乎他的長遠利益，而不只是你自己眼前的利益。一個方法是你自己也投資。這要怎麼做呢？不論當下要做什麼決定，你都要承擔些許風險。

一些最有效的廣告正是仰賴這個原則。西北大學凱洛格管理學院（Northwestern's Kellogg School of Management）最近做了一項研究，探討消費者認為哪些廣告訊息最有效。排在最前面的包括退費保證以及承諾某一產品的價格絕不高於競爭對手。[17]，Mekanism 其實不是做那種廣告的，但這項研究結果說到了重點。

在這兩個例子裡，賣家都表現出消費者的利益比成交或多賺點錢更重要。換句話說，他們是犧牲短期利益，投資長遠的關係。順帶一提，根據同一份研究，最不值得信任的訊息包括利用限時優惠強迫消費者快速決定——典型的那種絕對要盡量避開的強迫推銷方式。

如果你要說服一個新朋友去吃日本餐廳而不要去墨西哥餐廳，你可以自願買單，如果朋友對你很想吃的彩虹捲感到失

望，你保證下次帶他去吃墨西哥餐廳。這個方法不只讓對方承擔的風險降到最低，也讓他知道你不只在乎自己的滿足，也很在乎他是否吃得開心，如果對方對自己決定的結果不滿意，你也願意處理後果。

如果你不是真的認為對方可能會喜歡吃壽司，那麼你打從一開始就不應該嘗試讓他改變心意。但當你願意自己也投資，非常能夠凸顯你這部分的性格。

我們擁有最強大的說服工具就是人性。奇怪而諷刺的是，最為人所知的一些銷售建議反而會削弱這項工具。

不論是現在大家最熱衷的塑造「個人品牌」或舊式的銷售金句「永遠想著成交」，這些技巧似乎都將說服簡化為純粹追求交易。從這樣的觀點來看，說服不過是以狡猾的話術表達「給我我想要的東西」。這整套觀點不僅不恰當，也沒有效果。人都不喜歡被推銷，寧可和人而不是和品牌打交道。關係重於交易。把眼光放遠絕對是比較高明的持久戰略，做法包含四大規則：

規則一：永遠不要推銷你自己不會買的東西。

規則二：勇於說不。

規則三：絕不要讓關係降到零。

規則四：自己也投資。

當我發現自己落入「永遠想著成交」的模式而想要強迫推銷，通常是因為我未能遵循上述一項或更多項原則。理想的狀況是讓這些核心原則成為近乎第二天性。但在你還未抵達那個境界之前，你需要花點力氣和專注力才能切實遵守。

當你透過持久戰說服他人，你得到的絕不只是談成一筆生意。

NOTES

▌原則 1 「獨特」的省思

要追求有深度的說服力，一定要在每一次互動中展現獨特的你。多數人都能憑直覺辨識虛偽，如果你隱藏真實意圖，未能與人產生人性的共鳴，互動時純粹想著交易，不論你多麼努力隱藏還是會流露出來。

但有三種習慣可以聯合對抗這種虛偽造作，讓聽眾知道你的表現發自你的真心，這就是真實的你。

做自己──其他的身分都有主人了：我們偶爾都會很想要成為符合他人期待的那種人，尤其當你與人們的互動攸關重大利害、個人印象時。但無論如何，一味迎合他人都是錯的。

不要擔憂別人怎麼看你，儘管憑藉你的敏銳本能說話，不要害怕展現你的奇特和熱情。多收集角色典範，從他們的獨特處吸取靈感，同時也要堅持你的核心價值觀。

學習成為說故事高手：事實、論點、邏輯或許可以訴諸人們的理智判斷，但若要真正打動他人，你還必須學會說故事。如果你要讓聽眾深切體會你的觀點，尤其是抱持懷疑的聽眾，你必須能透過敘事讓他們在情感上被帶引到另一個地方。

所幸說故事就像任何技能一樣，只要用心練習且練習得夠

多，就可以學會。你可以收集對你特別有意義、傳遞你認為重要觀念的獨特故事。多留意那些特別吸引你的說故事高手，解析他們的優點在哪裡。記住，耳熟能詳的故事通常最有力量。

重點永遠不是成交：所謂真誠，是指能夠抗拒誘惑，不會想追求快速成交或把自己包裝成舊式的品牌。現在最好的品牌都努力避免讓人覺得只是一心追求成交的公司，希望表現得更有人性。

你要表現出你在乎的不只是賺錢或盡快得到你想要的。不要推銷任何你自己不會想要買的東西，不論是產品、服務或構想。不要害怕拒絕別人，即使短期間會讓你付出代價。你要重視你與別人的關係，盡力避免讓任何一種關係降到零。你要自己承擔部分風險，證明你是真的相信自己的主張（不論是什麼主張）。放下短視的交易思考，開始打持久戰。

慷慨

我們都認識天生慷慨的人，慷慨是深植於內在的性格，會在許多小地方表現出來。就像本書探討的其他特質，慷慨本身就是一種美德。你會很樂於幫助慷慨的人，他成功時你會真心為他高興，每次看到他出現總會覺得很開心。只要有機會，你會想要幫助他成功。最重要的，當他表達某種意見或支持某項行動時，你會真心想要贊同他。所以說付出愈多，得到的愈多。

第四章

樂於付出

付出的人擁有一切，

吝嗇的人一無所有。

——印度教諺語

人們常說，如果你希望從別人身上得到什麼，先給點甜頭比較好辦事——這是典型的互惠交換。學術研究人員的高明實驗一再證實這個策略很有效果。但你不必看心理學期刊，就可以見證這個觀念的實際運作。食品飲料業者就是基於這個理由，才會在 Whole Foods 超市提供免費試用品，製藥公司也才會提供醫生一大堆樣品、印有品牌名的筆和咖啡杯。網飛（Netflix）和 Spotify 有時會不收費先讓你試用，有錢的商人會捐款資助政治活動（以及政治人物會為潛在捐款者提供協助），通常也是因為這個理由。

心理學家席爾迪尼（Robert Cialdini）在談說服科學的經典書《影響力》（Influence）裡指出，這個做法是我們能掌握的「最強大的影響武器之一」——他稱之為「互惠原則」。[1]以席爾迪尼引述的一項研究為例：餐廳服務生若在客人用餐後免費給一顆薄荷糖，小費會增加 3%；若給兩顆，且告訴客人他們照規定只要給一顆，小費會增加 14%。[2] 這項研究凸顯一個很清楚的簡單道理：如果你要得到什麼，就必須先付出。

但我主張的說服方法不是要收集「影響力的武器」，而是要培養能夠促使別人願意站在你這邊的性格，理由不是因為你成功地運用了某種策略，而是因為你的真實性格能吸引別人。

基於這樣的考量，我們的目標應該是修正席爾迪尼的互惠原則：如果你要說服人，你要做的不是找機會與人交換好處，而是要做一個自然會想要付出的人。試著讓你遇到的每個人都能得到與你互動之前沒有的寶貴東西——好比有用的資訊、有

幫助的建議、讓人在某方面變得更好的禮物或任何可能對他們有價值的東西。

也就是說對人要**慷慨**。

不同於為了快速讓對方點頭而把互惠原則當做武器，一個慷慨的人會習慣性不假思索地給予，沒有期待得到任何回報。他看事情會著眼於他人的需求，因而自然會找到助人的方法。社會學家史密斯（Christian Smith）將慷慨定義為「免費大量給予他人好東西的美德」。[3] 這與自私貪婪恰恰相反，但長期來看可能終究對你有利。

很弔詭的是當你沒有考慮自己的利益去付出，事實上最後反而會得到豐富的回報。很多歷史悠久的哲學和宗教都認為，慷慨是最重要的觀念之一。

中國古諺說：「經常付出的人得常享富貴。」

新約教導我們：「施比受更有福。」[4]

佛陀相信：「付出的每個階段都會帶來快樂。」[5]

最新的科學研究費了一番時間才跟上古人的智慧，但結論通常是一致的。研究發現，慷慨會讓人更健康快樂，壓力較低，壽命較長。[6]

運用在說服方面也有明顯的效益。

◇ 付出讓你更有人性

人類天生有能力無私付出——至少在某些情況下。但科學

家一直認為這個與生俱來的傾向是一個謎團，直到最近才找到答案。有一個問題特別難倒了經濟學、博弈理論、演化心理學等各領域的研究人員：我們為什麼會願意慷慨對待再也不會見面的人？舉例來說，當我們到一個不會再造訪的城市度假時，為什麼會覺得必須給餐廳服務生小費？如果路上一個陌生人請你幫忙為他的汽車接電，你為什麼覺得應該幫忙？

　　從演化的觀點來看，人類沒有理由發展出這種願意為陌生人犧牲的特質，因為對方不太可能有機會回報，如果我們不幫忙，對方也不太有機會在我們的朋友面前批評我們。如果演化的設計就是要我們為自己和親族設想，這個心理特質應該不會這麼普遍。好人畢竟難出頭。根據自然淘汰的殘酷邏輯，難出頭的物種不會存續太久。但一項又一項研究顯示一個讓人吃驚的現象，人類很願意為了不太可能再見面的不知名人士表現利他行為。

　　二〇一一年，加州大學聖塔芭芭拉分校（University of California, Santa Barbara）的一群科學家終於解開謎團。研究報告的共同作者包括演化心理學家科斯米德斯（Leda Cosmides）和托比（John Tooby），該研究利用一系列的電腦模型，測試這項特質在**智人**身上的可能演化過程。這個方法讓他們能夠做到不可能在實驗室對真人做的事：模擬我們的決策能力如何在數千個世代之間形成。

　　模擬一開始是以五百位虛擬人做為對象，配對進行博弈理論中一種經典狀況的研究 —— 囚徒困境（prisoner's

dilemma）。在這個情境中，A 和 B 兩個夥伴因案被捕，關在不同的牢房。他們必須做出抉擇：是否要供出同夥？依據遊戲規則，如果一人背叛，另一人緘默，背叛者可獲得自由，另一人關三年。如果兩人都緘默，兩人都判刑一年。如果兩人都背叛，兩人都關兩年。所以刑期爲一至三年，端視玩家做出什麼選擇。

依據遊戲規則，選擇背叛永遠是理性的──前提是，如果不重複進行遊戲的話。但如果重複進行遊戲，背叛就會付出明顯的代價，合作則會帶來明顯的益處。如果我在第一輪供出夥伴，重複遊戲時，他在下一輪會爲了報復而供出我。但如果我相信遊戲是一次性的互動，我幫共犯設想的理由便少很多。從這一點來看，這個遊戲很像我們在國外旅遊時決定給服務生多少小費的情況。如果我再也不會和這個人見面，不給小費是理性的。

但研究人員在電腦模擬中加入一個很重要的特點。他們特別將模型設計成那些虛擬人不知道每一場囚犯困境究竟是一次性的（就像另一個城市的餐廳服務生），或是重複性的相遇。他們必須利用一堆不完全可靠的環境提示詳細思考，選擇保持緘默或供出同夥。這些過程同樣都是在電腦程式中模擬，研究人員藉此觀察何種決策能夠經得起一萬代的考驗。

研究人員發現，促使我們進行互惠交換的理由和情況，同樣會讓我們傾向於對陌生人慷慨。換句話說，當人們傾向於回報別人的善意，不預期回報地對別人好──即使並不是完全理

性——這樣的人長期下來會過得比較好。

理由其實非常簡單：當你和一個新遇到的人互動，你永遠無法確定是否會再次相遇。你可以抱著某種程度的信心猜測相遇的可能性，但如果你以爲永遠不會和某人相遇，結果卻猜錯了，這個錯誤可能讓你付出高昂的代價。與其觸怒一個可能能夠報復你的人，還是慷慨一些以防萬一比較好。研究報告的作者認爲，「所以說慷慨絕不是一層淺薄的文化制約，覆蓋在只講現實的馬基維里式核心觀念之上，事實上慷慨可能是人性的基本特質。」[7] 所以慷慨之所以有益，理由也許不只是東方哲學的善有善報論，而是和簡單的博弈理論比較有關係。

慷慨不只是激發信任以及促使別人和你合作的寶貴工具，甚至可能比說服專家長期以來所鼓吹的互惠原則更有效。

奇怪的是科學家花了這麼長的時間才明白這個事實。

習慣慷慨的好處

「魚幫水水幫魚」的原則有實質的限制。其一，這個原則無法促成太多信任，因爲每個人只是考量自己的最佳利益。如果有更好的機會，或對方的需求改變，互惠關係就會立刻崩壞。這種做法其實只比冷戰時期的現實政治（realpolitik）好一點點，並無法眞正讓人感受到友善。

二次大戰之後數十年間，美俄之間之所以能避免全面開戰，唯一的理由是他們體認到如果任一方展開攻擊，對方必

然會進行報復，結果將玉石俱焚——所謂的互相保證毀滅（mutually assured destruction）。這裡面沒有說服的成分，只有威脅。

不用說也知道，這不是達成協議的穩當策略，事實證明美俄之間幾次小誤解差點釀成核戰災難。好比一九七九年十一月，美國科羅拉多核子警示中心的電腦偵測到疑似遭到蘇聯全面攻擊。電腦顯示有核子飛彈正飛向美國核子設施及全國其他策略重鎮，包括國防部和國軍預備指揮中心（Alternate National Military Command Center）。不久美國核彈轟炸機人員奉派登機，十架攔截噴射機升空，飛彈操作人員高度戒備，總統的「末日客機」離地準備應付最糟糕的狀況。當時美國已準備好迎接核戰的爆發，那將是一場對兩國——乃至地球上任何人——都不會有好結果的戰爭。

所幸結果只是一場虛驚。原來是北美空防司令部（North American Aerospace Defense Command 〔NORAD〕）的某個人將高度逼真的訓練程式放入電腦——不知是意外或是人類史上最危險的惡作劇。[8] 協議若純粹建立在互惠與交換，即使是微小的失誤也可能毀掉整件事（有時甚至毀掉整個世界）。

若只因為預期彼此都能獲益就認為能成功說服人，也是同樣不切實際。如果某人幫你忙只是因為期待你也會幫他，這樣的結盟本質上是很不穩定的。這是純粹交易的關係，沒有信任的基礎。

但對方若是天生慷慨的人，我們會願意賭賭運氣，也樂見

對方一切順利，和對方做生意會感覺很愉快。若對方偶爾沒有做好，我們會姑且相信他有他的理由，因為我們知道對方沒有壞心眼，因此我們不會以最快的速度讓戰鬥機升空，將飛彈瞄準對方。

加大聖塔芭芭拉分校的研究顯示，慷慨還可克服互惠交換隱藏的一大問題——你永遠無法確定將來誰可能可以幫你的忙。如果你只對那些你相信能幫你的人付出，長期來看你的狀況會遠不如那些理所當然表現慷慨的人。

演化讓我們被預設成具有慷慨的特質，因為今天需要我們幫忙接電的陌生人，說不定明天就是你去應徵工作時的面試官。做一個習慣性慷慨的人，你會讓自己在那一類偶然的幸運事件發生時很有機會獲益。這些偶爾發生的小益處會逐漸累積，就像複利一樣。

經過幾百萬年的演化，我們每個人都已內建慷慨的傾向。但就像任何性格特質，有些人非常慷慨，有些人……嗯，不是那麼慷慨。不論你是哪一種，每個人都可以透過練習培養慷慨的習慣。

在我看來，培養慷慨的特質始於一個簡單的規則。

◇ 如何變得更慷慨：每一次互動都給點什麼

哲學家米勒（Christian B. Miller）說，真正的慷慨是：「當一個人捐助的動機主要是利他的，或關切受助者的福祉，不論

自己是否能在過程中獲益。」[9] 有些人只有需要從你身上得到什麼時才會找你，這種人本質上是差勁的說服者，只會讓你心累。當你的收信匣出現這種人的名字，你會覺得那一天自動變得很無言，讓你忍不住翻白眼。當他來敲你的辦公室門，你立刻會想到：「天啊，這傢伙現在要什麼？」即使在最佳情況下，這人也難以說服你。

反之，如果有一個人每次互動後都會讓你更好一點點，當他向你提出某種建議或需要幫忙或想要改變你對某件事的想法時，正是這樣的人最可能引起你的注意。你要如何成為這樣的人？很簡單。每次你和某人互動，不論是商業會議或家庭聚會，不論是球賽或餐會，試著給點東西。將每次互動當做表現慷慨的機會。

如果你用心這麼做，你會發現慷慨可以有很多種表現方式。你可以在金錢上慷慨，總是搶著付帳，但金錢其實是你能給的東西中意義最少的一種。如果你每次互動都想著：「我可以貢獻什麼？我可以給什麼有價值的東西？」答案通常可歸結為幾個基本類別。

時間、注意力、耐心

我很忙碌，我經營一家公司，在四個城市都有辦公室，隨時服務數十家客戶。我還有很美滿的家庭和支持我的朋友。不僅如此，我喜歡運動、旅行、有時彈奏音樂，偶爾和朋友聚聚，看書（有時候還會愚蠢地嘗試寫書），學習新技能。我是

堅定的行動派。基於這種種理由，我幾乎總是時間不夠用，巴不得一天不只二十四小時。

因此時間是我最寶貴的資產，我說的不是任何時間，而是那種帶著專注與真正展現耐心的時間。對我而言，慷慨付出時間就是每當我認識的人要求我給出時間，我的預設答案就是好。

舉例來說，如果有人要我參加會議或上班時聽電話，我會答應，即使因此必須更動行程。如果我的參與和專注能提供哪怕是極小的幫助，我都願意。如果家人、朋友、同事需要同情的聽眾，我會專注聆聽。如果共事者或朋友搞砸事情，想要解釋，我會讓他說，然後表示我的意見。

我未必都能做到。有時候那一天或那一週我實在沒有時間，但如果有一絲可能性能夠付出我的時間讓某人的情況改善，我會盡力而為。

沒多久以前，當有人要求我給一點點時間，我的第一個直覺是想辦法拒絕和脫身，通常是解釋我有多忙碌。我明白，認識我的人多數已經知道我有多忙，因此如果不是對他們很重要的事，大概不會要求我付出時間。

當你投資寶貴的時間在別人身上，他們投資在你身上的意願會高很多。

建議、推薦和資訊

你是否剛聽了某張超好聽的新專輯但都沒有人在談？或發

現某間偏僻的餐廳讓你很驚豔？也許你讀了某篇文章或某本書讓你翻轉觀念，或對工作有很棒的見解，或很辛苦地學到教養子女的某種體會。

若是如此，不要獨享這些心得。不妨寫在筆記本裡，然後仔細想想周遭有哪些人可以因為這樣的資訊獲益。最後你要和你想到的人分享。不要將那些讓你獲益的發現藏起來，要記住，智慧是要分享的。人們會很高興知道別人想到自己，光是這一點就會讓人心情很好。

讚美與肯定

聽起來似乎顯而易見，但我們很容易忘記稱讚別人，尤其當你自己壓力很大或不太順利時。事實是注意別人正面的地方並誠實表達你的認可，足以改變那個人的心情。這方面我得刻意去做。當你想到正面的事情，不要放在心裡，要說出來。

稱讚別人時最好盡可能具體。不要對共事者說：「謝謝你這麼認真。」而要說：「我知道你這幾個星期為了某某專案忙得暈頭轉向。我要讓你知道我很感謝，因為你的努力對公司有很正面的影響。」然後要明確解釋是什麼正面影響。

同樣的道理，如果你有某方面的成就，不論是事業或個人的成就，想想誰也有功勞。你很可能不是靠一個人的力量達成的，所以一定要功勞同享。凡是有付出的人你都要表達心意，分享好消息，誠摯感謝對方。

你可以簡單的說：「嘿，你做的研究真的讓我們在昨天的

比稿會議中脫穎而出。」如果你的孩子進入很好的大學，要讓他的老師知道，他額外幫孩子準備 SAT 眞的發揮很大的助益。讓你的伴侶知道，他花時間心力爲你們兩人所做的事很有幫助。但務必誠實具體說明感恩的理由。

同樣的道理，出狀況時，要抗拒怪罪某一個人的衝動。你必須承認出了什麼問題，但態度要誠實、明確而和善。

失敗時仍能表現出慷慨，和勝利時表現出慷慨一樣重要。

禮物

有時候必須以具體的東西表達你的慷慨。贈禮是一門藝術，這是毫無疑問的，但也可以是苦差事。誰不曾在情人節、週年紀念、朋友生日前夕，才突然發現沒有準備禮物，慌張地上網搜尋，衡量香氛蠟燭、浴袍或其他一般性禮物的優缺點？要記住所有這些日子和你想要祝賀的所有人很不容易。我從來不選確切的那一天。我發現有一個方法可以避免上述窘狀，就是全年都處於贈禮模式——而不一定選在官方認定的贈禮日子。

這要怎麼做呢？其一，當我爲自己購買我超喜歡或只是覺得很有用的東西，我一定會多買一份（有時兩份），只要不是貴得離譜。可以是手機殼、領帶夾或完美的太空筆（space pen）。多數時候是書（當我發現好看的書，多半會買好幾本）。通常我完全不知道最後會送給誰，但這正是樂趣之一。這份禮物可以放在抽屜幾個月，直到我想到某人會眞的很喜歡它或剛好需要它。當時機出現時，我會有一份貼心的禮物隨時

可以送出去。

如此我可以確定當我找到喜歡的東西時，也是在送禮給我在乎的人。

百萬美元的帽 T

我們公司感到很自豪的一件事，是會想出很酷的禮物送給我們的家人、朋友、客戶。當然，很多公司都會贈禮，但我們試著稍微不一樣。舉例來說，有一年我們設計了一種 Mekanism 帽 T，上面的公司名字採取網版印刷字體，看起來就和重金屬樂團 Metallica 的標誌一樣。有一年是客製化設計的麥片盒，裡面有隱藏的驚喜玩具。還有一年送挖空的偽裝勵志書，裡面藏著印有公司標誌的開瓶器。我們希望讓受贈者將我們的品牌穿在身上，或放在書桌、辦公室。

事實上，我們能爭取到最早的客戶之一班傑利冰淇淋，就是拜連帽運動衫所賜。我在一場會議中遇到班傑利的代表柯利（Jay Curley），我超愛他們的冰淇淋，很高興遇到他們公司的人，可以互相交流訊息。我立刻將他加入我們公司的免費贈品郵寄名單，像是公司通訊、會議邀請、文章，當然，還有我們的帽 T。

很幸運的，大約十個月後，柯利打電話告知班傑利要找新的廣告公司。他說若不是因為他很喜歡我們的帽 T 而且穿在身上，他大概不會記得我們公司。我們受邀參加比稿，最後贏了。撰寫本書時，我們已合作了六年。那件二十多美元的運動

衫爲我們贏得一個大客戶以及好幾百萬美元的收入。

我是想要輕鬆擦板得分，將免費的帽 T 變成公司的重要業績嗎？當然不是。我只是想要將很酷的商品送給我遇見的一個很棒的人。事實證明，將好東西與人分享是很好的習慣，可能帶給你意想不到的收穫。

◇ 補一堂慷慨課

前面詳述你可以給的一些最常見的東西——時間、建議、讚美、禮物。但要將慷慨變成性格的一部分則需要練習，過程可分解成你可以實踐的三種策略。

了解對方的需求

與人進行重要的互動時，要想著是否有任何地方是你可以貢獻的，或者對方對你有什麼請求。例如這是不是提供實用資訊的好機會？或者這時候需要的是一點誠實的反饋？說不定對方會很高興你將剛讀過的一本書拿給他看？你不必覺得每一次都必須事先知道應該做出什麼反應，一旦你開始將人際互動看成付出的機會，答案自然會清楚浮現。這種時候可以聽從你的直覺。

自動說 yes

如果你開始從這種角度看待人與人的互動，慢慢地你就會

明顯知道，哪些寶貴的東西是你非常願意免費提供的，哪些是你比較不願意給的。有些人不喜歡分享個人的生活經驗，有些人吝於提供時間或注意力，有些人很難說出讚美的話。留意哪些慷慨的行為是你腦中本能會說「不」的，然後努力把多數自動說「不」的例子變成自動說「好」。

後續追蹤

　　盡可能確保你的慷慨作為不是單一事件。如果我將自己最喜歡的書送人，我會接著發郵件確保對方收到了，分享我對那本書的看法，解釋我為什麼認為對方會喜歡。幸運的話，我可以將禮物變成有意義的對話。當然不是每次都辦得到，但在可能做到的情況下，若要將單一的慷慨行為延展成為更深刻、更有意義的互動，後續追蹤會是一個很好的方法。

　　長期以來人們總以為，展現影響力的最好方式是透過施與受的互惠交流。但這是交易思考的典型例子，長期來看這種思考必然會減損說服力。你要純粹專注在「給予」的部分。聽起來似乎很簡單，事實是習慣性慷慨的人比較具說服力。因此你要養成習慣，盡可能在每次互動中給點什麼。

　　最新的科學可以提供佐證。原來人類會展現慷慨是演化形成的，因為這是讓別人與你合作的可靠方式。在現實世界中人們未必都能與你互惠交換，固定抱持慷慨的心態已證實能贏得人們的信任和感謝。

　　你愈能將人與人的互動當做付出的機會，就愈能明白別人希望你給予什麼，或是你有什麼可以付出。付出的內容可分成四大類：

1. 時間與注意力

2. 建議和推薦

3. 稱讚和肯定

4. 禮物

　　重要的是，不論你給予什麼，都必須是你自己覺得很有價值的。同樣重要的是，你不能期待任何回報。做一個慷慨的人會讓你更快樂，和周遭的人建立更穩固的關係和連結。當你成為一個散發慷慨性格的人，說服力是自然附帶的結果。

　　將美好的事物帶給這世界，這世界會加倍回報你。

NOTES

第五章

正面特質的吸引力

一切唯心造。

相由心生。

——佛陀

大抵來說，說服的方法有兩大類：正面或負面。

每當有人嘗試透過激發恐懼、仇恨、厭惡或焦慮來爭取支持，就是採取負面說服法。可悲的是在我們的文化裡，你輕易就能見證這類策略的實際運作。典型的例子是政治攻擊廣告，將某位候選人描述成危險或邪惡的人。這類廣告的目的是要讓你對候選人甲當選的可能感到非常恐懼或憤怒，無可選擇只能投票給候選人乙。

你只須想想美國總統詹森（Lyndon B. Johnson）一九六四年的競選活動中著名的「雛菊」廣告就知道了。廣告中一個三歲小女孩站在陽光普照的野外，鳥兒啾啾，小女孩採了一片又一片的雛菊花瓣，直到數到十時，核子彈引爆。我們聽到詹森的聲音說：「風險就是這麼大。」[1] 這則廣告只播出一次，詹森能大敗高華德（Barry Goldwater），這則廣告可能發揮了關鍵影響。裡面一次都沒有提到高華德的名字，但觀眾會想到：「我最好投給這個人，否則可能會死在慘烈的核子戰爭中。」這是以恐懼為基礎的成功說服術。

五十多年後，川普更形超越了我們對於攻擊廣告的想像，訴諸直截了當的遊戲場霸凌策略，每個阻擋去路的對手都被貼上輕蔑的罵名：「弱雞布希」（"Low Energy" Jeb Bush）、「軟弱的卡森」（"Weak" Ben Carson）、「扭曲的希拉蕊」（"Crooked" Hillary Clinton）、「說謊的克魯茲」（"Lyin'" Ted Cruz）、「矮小的魯比歐」（"Little" Marco Rubio）、「寶嘉康蒂華倫」（"Pocahontas" for Elizabeth Warren；寶嘉康蒂

是印地安人）、「瘋子拜登」（"Crazy" Joe Biden）等等。

簡單一致的負面訊息確實有效。事實上用這一招讓人改變心意或催出選票，可以發揮極強大的力量。但你必須回答一個問題：這世界還需要更多恐懼、仇恨、焦慮或憤怒嗎？當然不需要，我們已經有太多太多了。

事實是我們都焦慮過了頭，嚴重到很多人迫不及待要踩在別人的頭上往上爬。但多數人還是善良的，如果你要激勵他人產生任何感情，永遠要選擇正面訊息，散發健康的能量。貶低別人或是在競賽中採取抹黑手法當然可以獲得短期利益，但長期而言絕對無法奏效。

正面說服法是運用積極向上的情緒拉攏他人支持你的立場。你不是要提醒聽眾某個選項多危險，而是要讓他們感覺很振奮，充滿希望。你要讓人做了選擇之後會感覺很好，而不是懊悔選錯邊。

有深度的說服者會把重點放在培養好的性格特質，亦即會自動散發正面的特質。但不是做一個讓人討厭的笑面虎，隨時帶著笑，常說「不用擔憂」，把太陽底下的所有事都說成「太讚了」。這不是正面，而是虛偽。我說的也不是那種耽溺於一廂情願的想法、每一朵烏雲出現都看到銀邊的人（即使根本沒有銀邊）。我不認為幻想式的正面訊息對任何人有幫助。要達成目標，需要的顯然絕不只是樂觀的思想而已。

我所謂性格正面的人，做任何事都認為抱持正面情緒很重要，因此也會讓周遭的人比較愉快。這種正面情緒可以是快

樂、滿足、自信、樂觀、感恩等。

這並不表示習慣正面的人從來不會心情不好，就像所有的人一樣，他們也可能沮喪或生氣。但他們將自己訓練成多數時候都以正面的感覺來引導決策、言行和思想，從而表現出一種大度——**精神上的慷慨。**

正面的性格是否會讓你更快樂、健康、有創意、在床上表現較佳？這是有可能的。但我們可以確定的是，習慣採取正面思考的人是別人會喜歡和他共處的。當我們需要建議、遭遇問題或需要幫忙時，會想要找他，情況很順利時也會想要和他分享，總之就是喜歡和這種人在一起。因為有他們在，一切都比較好。

就本書探討的目的而言，我們通常也樂於贊同這樣的人。

◇ 正面特質的影響

我們應該盡量散播鼓舞人心、積極向上的情緒。問題是要如何付諸實踐呢？尤其當你的本性並非如此時，這可能更加困難。很多情況可歸結爲一個很容易遵循的簡單原則：如果你對某項決定感到懷疑，不要把注意力放在缺點上，要凸顯可能的優點。

這個規則的基本道理不難理解。想想你願意聽到哪一種說法就知道了：你要聽到某種健身方法會讓你的身材不那麼鬆弛和走樣，或是會讓你感覺更健康、更有活力、在沙灘上更好

看？第一種說法提醒你，你太胖了；第二種則是描繪出美好的可能，相信你可以展現更聰明、更有能力的潛在自我。

同樣的道理，你願意別人對你說：「你太少打電話給你媽了，偶爾也該拿起那該死的電話吧！」還是：「媽媽接到你的電話總是很開心，如果你打一通電話給她，她會很快樂。」第一種訊息是要傳遞罪惡感，第二種是鼓勵人們為所愛的人做一件美好的事。

兩者或許都可以達到預期的效果，但和一個喜歡激發罪惡感、憤怒、恐懼的人相處並不是很愉快。隨著年齡增長，我們會避開這類人（當然，除非那是親人，就只能忍受和面對）。如果你要打持久戰，你絕對不會想要做一個讓人想要避開的人。如果可以避免，為什麼要讓別人感覺很糟？

下面舉幾個例子說明如何將負面的說服訊息改成正面的：

負面	正面
這個產品會讓你比較不累。	這個產品會讓你更有活力。
抽煙會縮短壽命。	現在開始戒煙就能延長壽命。
別笨了。	我知道憑藉你的聰明絕對可以做得更好。
如果你不捐款，有人會死掉。	你的捐款可以挽救生命。
這份工作會讓你免於破產。	這份工作會讓你的財務穩定。
不回收會摧毀地球。	回收對大地母親有很大的幫助。

從說服的角度來看，正面訊息更能有效吸引聽眾。那是二〇〇八年一份綜合分析的結果，該分析檢視數十年來關於一個問題的學術研究：從「得」或「失」哪個角度敘述訊息更吸引人？前者如「防曬用品會讓你的皮膚看起來更健康」，後者如「不使用防曬產品可能會得皮膚癌」。多年來，有很多研究探討不同說服性訊息的吸引力，但都沒有人花心力一併檢視這所有研究——直到二〇〇八年歐基夫（Daniel O'Keefe）及其同僚承擔這項工作。[2]

作者開始研究時，以為負面的訊息會比正面的更吸引人。這個假設在當時似乎是安全的。失去重要東西的可能性會激發強烈的情緒，如恐懼和焦慮，這是無庸置疑的。這類情緒能夠讓人心思專注，激勵人採取行動，因此我們會預期負面訊息在吸引聽者注意力的競賽中能輕易取勝。這也是為什麼選舉時公關人員仍然喜歡使用攻擊廣告，保險產業也差不多是建立在這個基礎上。

但歐基夫和他同事的發現出人意料。他們整理三十多年間發表的四十二份分析，發現相較於負面訊息，正面的、強調益處的說服性訊息明顯「更吸引人」。

如果你要說服別人，正面訊息才是你最好的朋友。

◇ 正面訊息具感染力

正面訊息之所以具說服力，理由之一在其高度的感染力。

事實上，你只要改變自己的觀點，對另一個人的觀點就能發揮驚人的強大影響力。這可以從一九六二年由心理學家舒赫特（Stanley Schachter）和辛格（Jerome E. Singer）所做的另一項知名研究清楚看出來。[3]

他們在實驗中為參與者注射腎上腺素，這種化學物質會讓人心跳和呼吸加速、血壓升高。參與者不知道被注射什麼藥物，實驗人員告知是要測試他們的視力。接著他們被要求和一個祕密參與實驗的人同處一個房間等候。研究目標是探討周遭人們的情緒如何影響我們對自身情緒的觀感。

在一些實驗裡，參與者假裝感覺很幸福，果然這會讓那個在不知情之下被注射腎上腺素的人，較可能自述感覺幸福。另一種情況是祕密參與的人表現出生氣的樣子，這時，被注射腎上腺素的人較可能自述感到憤怒。

這份研究發現，我們對自身感覺的觀感，與周遭人們表現出來的感覺大有關係。如果說服是改變他人情緒與觀點的藝術，以你自己的正面情緒感染他人就是很強大的工具。

這裡來舉個最近發生的實際例子。我和兩個兒子要去看洋基球賽，被塞在地鐵裡。我們很快就明白將要錯過一大段比賽，因為地鐵沒有在動。隨著時間一分一秒過去，孩子的失望變得非常明顯。先是抱怨：「看不到開場投球了！」接著變成：「爸，我們要錯過整整兩局了。太爛了！」

一部分的我也有同感。我很期待這場球賽，錯過這麼多也讓我很失望。但如果我沉浸在失望裡，孩子會感受到，我如果

也跟著一起抱怨，這個已經不太理想的狀況會變得更加糟糕。但在這種情況下，會想要抱怨是很自然的。

然而這一次我選擇從更正面的角度看事情，畢竟能和兩個兒子共度愉快的晚上確實讓我很開心。我選擇把困在地鐵當做一種冒險來看待，因此我開始和他們玩一種遊戲，依據我們在受困車廂中看到的乘客來編造故事：「你認為那人靠什麼維生？他的貓叫什麼名字？他在哪裡長大？她幾歲離開家或根本從來沒有離開家？他會加入馬戲團嗎？」我們輪流為一個陌生人想出虛構的名字和故事。我們甚至為這個遊戲想了一個名稱：陌生人虛構故事。我們玩創意玩得太開心，地鐵開始動的時候，孩子們幾乎沒有注意到球賽已錯過一小時左右。我以自己的正面感覺感染了他們。

碰到這類情況，我並不是每次都能救援成功，大約只有一半的情況可以。辛苦工作一天或錯過好機會或比稿失敗後，我也會失控，變成一個渾蛋。但我們都可以選擇利用正面特質的吸引力控制負面情緒，有時候當我們表現得特別好時，甚至可以扭轉不好的經驗。

◇ 啤酒測試

當你必須在爭議中選邊站或決定誰可以信任，通常你會傾向於選擇那個讓你心中產生正面感覺的人。現在的競選活動很多時候都是建立在這個基本體認上。當你去投票或支持某政治

人物的觀點，有時候是因爲那個人給你的感覺——不是因爲你認眞研究過，發現那人的立場比對手的更令人信服。同樣的道理，即使當你認爲你最喜歡的政治人物在某件事情上是錯的，承認這一點可能讓你感到痛苦，你寧可贊同他。川普能夠說服很多支持共和黨的選民在重大議題上改變心意，好比貿易關稅和俄羅斯的議題——不是因爲道德高尚，而是因爲他們就是被他那種毫無顧忌、自我吹噓的風格和恫嚇對手的策略所吸引。你也會看到這些策略很快速地變得不再受歡迎，因爲這類東西不會持久。

近年來的總統選舉中，脫穎而出的**多半**是人緣比較好的，這可不是偶然。這種現象可以「啤酒測試」來解釋，因爲候選人通常競爭的目標是要成爲選民最喜歡的啤酒伴。例如在二○○○年，民調顯示布希和高爾在議題支持度上旗鼓相當，但人緣明顯較佳。二○○四年他和凱瑞（John Kerry）競選時也是如此。在二○一二年大選中，選民也是喜歡歐巴馬遠超過羅姆尼（Mitt Romney）。**4**

我必須承認，啤酒測試對我也有效。在我的公司，每一次有新人應徵，我一定會親自面試，不論是辦公室經理、初級編導或創意總監。這會耗費很多時間，但很值得。到了這個聘僱階段，已經有很多人確認過我面試的人符合資格。我在訪談時要了解的是這人是否可以和我們相處愉快，是否對我們的文化是有加分的，是否能展現獨特的自我，表達他的意見，散發正面特質的吸引力。換句話說，我們在辛苦工作一天後是否喜歡

和他來杯啤酒？

　　為了了解這些，我會提出一些鼓勵應徵者放下戒備的問題。我會問他的朋友給他取什麼外號，他認為自己有什麼「廣告超能力」，喜歡什麼音樂，為什麼要換工作，什麼因素讓他早上醒來充滿熱情去上班，如果不需要工作會做什麼好玩的事，最想要共進晚餐的三個人是誰等等。我的目標是讓他稍微放鬆一些，讓我可以窺見他的真實性格。如果他是那種會說前雇主壞話或自動散發負面特質的人，我幾乎一概不錄用，不論他有多少成就或才華。

　　你在艱難的時候喜歡和他相處的，絕對是那種會散發正面特質、會提醒你情況多樂觀或對情況可以再度樂觀抱持希望的人。這種人會提振你的心情。

◇ 我如何被副總統拜登說服

　　幾年前的一件事讓我對這個領悟特別有感，當時我們公司被要求承擔一項特別艱鉅的挑戰，要接下全宇宙最大的客戶：白宮。

　　二〇一四年四月二十九日早上，我坐在白宮的羅斯福廳，坐在我對面的不是別人，正是副總統拜登。在一個多小時的時間裡，他提出強大的理由，說服我們公司和在場其他夥伴為什麼應該和歐巴馬政府攜手合作，徹底改變大眾對大學校園性侵問題的看法。

拜登告訴我以及一些媒體與運動組織的代表，包括《GQ》月刊、美國職棒大聯盟、不搞笑毋寧死頻道（Funny or Die），大約五分之一的女性和十六分之一的男性在大學期間曾被性侵。我每次想到這些統計數字依舊感到震撼。歐巴馬政府同年稍早成立的保護學生免於性侵工作小組（Task Force to Protect Students from Sexual Assault），在那天早上宣布了一些政策建議，包括建立聯邦訓練計畫，教導學校當局如何正確對待性創傷的受害者。但如同拜登解釋的，光靠好的政策無法解決問題。

　　他說，預防校園強暴需要大學生（尤其是男性）對這件事情的了解產生大幅的改變。政府需要的是文化的改變。拜登及其團隊選擇由我們公司透過全國性的宣傳活動來促成這項改變，活動必須在那場會議之後四個月內推出。

　　你可能認為這很有益處，想都不用想，Mekanism 當然應該參加。但有一些因素讓我猶豫不決。首先，我們必須完全不收費。而且我完全沒有概念我們公司要怎麼做到——或我要如何向我們的財務長解釋這一大堆收不到錢的工作。副總統要求的是針對一項高度敏感性的文化議題做出大規模的全國性宣傳活動，零預算執行，四個月內就要推出。

　　在那之前，Mekanism 做的是推銷產品、提高點擊率、促使人們分享我們的內容，而不是促成大規模的社會變革。事實上，政府一開始會找上我們，是因為 PVBLIC 基金會的傑洛（Rachel Gerrol）和摩斯（Dave Moss）、拜登的顧問舒茲（Greg

Schultz）、白宮公共聯絡辦公室的李爾曼（Kyle Lierman）在我們公司網站上看到一個有趣的作品。那個客戶是 Axe 香體噴霧（Axe Body Spray），那個廣告叫做「搞定一切」（The Fixers），目的是推出以男大生為目標的一種新款沐浴乳。為了打動目標受眾，Mekanism 設計一連串數位惡作劇和白目笑話，讓消費者可以作弄朋友。那個作品再幼稚不過，在今日的環境絕對行不通，但當時很有效，產品根本一上架就秒殺。

當然，當時設計的作品是要把產品賣給那些想要洗香香去吸引異性的男大生，現在則是要說服這些年輕男性挺身保護異性免於性侵，兩者大不相同。而且我們從來沒做過任何公益廣告，也不曾和白宮及所有相關單位這麼龐大複雜的政治機構打交道過。如果我們失敗了，不僅會讓過去和未來的無數性侵受害者失望，也會讓正副總統承受非常公開的政治挫敗。我們還會在歷史上留下臭名——讓現代史上一個極善於媒體操作的政府在推行重大全國活動時搞砸了。

我們有很多理由要安全至上，乾脆拒絕。但我腦中從來沒有這個想法。當然，白宮的吸引力是一個因素，這個建築物的設計就是會讓任何人走入（美國祕勤局人員防守的）大門時心生畏懼。但我當下會點頭，真正的理由是拜登本人。

他一走進來，真的就是散發出強大的能量和正面情緒。他的態度優雅、親切、好奇，環繞整張桌子和每個人握手，直視對方的眼睛，感謝對方撥出時間來見他。他說話沒有一絲造作。

雖然他討論的是確實讓人沮喪的議題，但他說服我們的方式，是凸顯擺在我們面前的大好契機。我們可藉此機會運用技能和資源，預防痛苦和創傷再度發生，解決近年來最嚴重的社會問題。你有多常遇到這種機會？相較於他的敘述，我對金錢、時限、聲譽風險的擔憂似乎太瑣碎、太不重要。我們要做的是改變強暴文化，在全國大專校園發起一場運動。

拜登大可以訴諸罪惡感。他可以說，我是有錢的廣告人，大部分時間都想著冰淇淋業、航空業、娛樂產業。他可以問：「你為什麼不改變一下，做點有價值的事？」或「你為什麼不善用廣告做好事？你的產業很需要。」但他選擇訴諸我們的正面情緒，讓我們對這個案子及其帶來的所有益處感到振奮。這就是有深度的說服。

最後我們做到了，催生出「你我都有責任」活動（It's On Us），這個全國性的活動至今持續推動旁觀者介入的觀念，教育大眾認識「同意發生性關係」的重要，支持強暴倖存者。活動的重點不是要求民眾不要性侵，而是要教育大眾，把它變成一個我們要協助解決的議題——透過政策改變、旁觀者介入和公開討論。自二〇一四年九月歐巴馬總統推動這項活動，超過五十萬的個人和組織表達願意「你我都有責任」，承諾善盡一份力量預防校園性侵。五十州的數百所大學發布自創的網路內容，舉辦活動提升民眾對校園強暴危機的認識。數以百計的個人和團體透過公益廣告來宣揚此活動的訊息。演員漢姆（Jon Hamm）、美國音樂家奎斯特拉夫（Questlove）和女神

卡卡等名人都爲這個運動獻聲。超過五百所學校組成學生諮詢委員會來處理這個議題，範圍幾乎遍及每個州。

立法者和官員也受到此活動的激勵而開始採取行動。二〇一七年夏天，賓州州長伍爾夫（Tom Wolf）宣布六項改革，就是爲了推動「你我都有責任」的原則，其中一項政策規定大學應採取匿名網路舉報性侵的制度。

這項活動是我們最驕傲的事業成就。我希望我會接下這個案子純粹是因爲這項議題非常重要。這確實是一大因素，但我要誠實地說，眞正讓我點頭的是拜登自然的正面特質，因爲他能激發我和其他所有人內在的正面情緒，讓我們覺得這是很好的機會，可以達成很有價值、很棒的一件事。他就是這樣讓我和我們公司爲這個很有意義的目標奉獻數年的投入，這件事的重要性超過一開始讓我裹足不前的所有實際的商業考量。

事實證明川普只說對了一半。拜登的確瘋狂，只是他的瘋狂是正面的。他的慷慨感染了我們。拜登善用積極正面的吸引力，幫助我們觸及數百萬大學生，改變人們的生活，打擊強暴文化。

◇ 如何善用正面特質的吸引力

你要如何培養積極樂觀的性格？我發現有些習慣能幫助你在最艱難的環境裡，也能維持樂觀的心態，散發正面的情緒。

感恩練習

　　人在壓力特別大的時候不太容易看到事情的光明面。當你身陷挫折感時，負面思想似乎是如此真實且無法忽視，樂觀的想法會愈來愈微弱。有時候壓力確實大到讓人難以保持希望，在這種時候要抱持正面的心態是需要練習的。很多人的練習方式就是寫感恩日記。

　　我們常告訴兩個兒子，你們必須努力向上，但也別忘了學會感恩。每個週日晚上，我們會在日記裡寫下自己感恩的三件事。我知道這不是什麼石破天驚的觀念，我也不是那種喜歡在瑜珈課上大聲喊出「我要怎樣怎樣」的那種人。但這個練習對我和我的家人有極大的幫助。感恩練習能讓你重新歸零，做好準備迎接新的一星期。你可以問問練習過的人，他們會告訴你多麼有效。一般認為最好把感恩變成每天早上的儀式，你也可以選擇每個週一和週五午餐時。對我而言，每週一次和家人一起練習是很完美的習慣。

　　你寫下的內容可以是很大的事，好比身體很健康、找到工作，或只是還活得好好的。但也可以是很小的事，好比同事在茶水間對你說了什麼好話。將這些想法寫在筆記本裡有一個好處，碰到真的很艱難的日子時，可以拿出以前寫的內容提醒自己。當你感到失落無助時，回頭想想那些感覺很有幫助。

　　這個練習花不到十分鐘，效果卻可以很顯著。只要常懷感恩心，你會明白不論今天過得多糟，整體而言你有很多理由可以保持正面。

提出建設性的批評

有時候我們必須批評別人，尤其是在工作上，這是不可避免的事實。但提出建設性的批評是一回事，提出充滿敵意或輕蔑的貶抑性批評又是另一回事。如果一件事值得批評，通常都可以找到方法以正面的方式陳述。

與其說：「你的報告裡這項事實弄錯了。」不妨改說：「這份報告幾乎都對，但你能不能再檢查一下這個地方？我看好像有點怪怪的。」不要說：「你的構想不合理。」可以改為：「我不太明白——你可以幫助我更了解嗎？」最後這句我經常用。這句話把重點放在我的身上，而不是內容，也可以迫使對方以最簡單的方式說明他的概念。

最重要的，一定要確定任何批評的目標是幫助對方有所改善，並且明確說明你的話語和對方的目標有何關聯。舉例來說，如果一個人花太多時間完成任務，不要催促他加快速度。你可以指出他若能更早完成，將能夠承擔更大、更有挑戰性、更能帶來滿足感的案子。不論你的立場是什麼，都必須以身作則。沒有人需要生活中有更多極度負面的感覺，不要當一個製造負面訊息的幫凶。

過度敵意或負面的批評最後也可能讓你自己被反噬，這個現象是心理學家所謂的自發性特質推論（spontaneous trait transference），亦即當甲將某種特質歸諸於乙身上，甲會被認為自己就具有那種特質。例如當你說某人不忠誠，別人可能認為**你**不忠誠。其他很多特質如不誠實、懶惰、欠缺想像力等

也是如此。即使你的說話對象對你很了解，也可能發生這種現象。《性格與社會心理學期刊》（*Journal of Personality and Social Psychology*）上發表的一份研究發現：「一個人的話中暗示的特質會被聯想成與他有關或者他自己具備那項特質，即使聽者與他熟識。」[5]反之，一個人若只提出簡單、正面、建設性的批評，最後便能善用自發性特質推論的好處，讓人覺得他更正面。

相信壞球也可以變全壘打

開會可以很無趣。有些會議真的很好玩、很有啟發性，但有些確實讓人受不了，你會驚訝怎麼沒有被《日內瓦公約》禁止。我以前最痛恨這類會議，但現在我認為正可以把握機會注入當下迫切需要的一點正面氣氛。

我的做法是進去時帶著開放的心胸，為會議注入活力。但最重要的，我會提醒自己，每一場會議都可能促成很棒的結果。這是事實。和你開會的人也許只是低階會計、負責醫療保險的人事部門或不支薪的實習生，但你可能在會中偶然聽到有趣的新資訊，最後促成驚人的突破。這種情況很少發生，但並非絕無可能。體認這個可能性的存在，有助於為原本無聊的會議帶入些許正面的氣氛和樂觀的活力。

我一開始會認識 Mekanism 的事業夥伴伊恩（Ian Kovalik）、彼得（Pete Caban）和湯米（Tommy Means），是因為湯米不小心撥到我的電話。我創立的製作公司 C 計畫（Plan C）錯將

他的電話接給我。湯米其實是要打給本地的舊金山廣告公司，想要幫自己爭取工作。我知道電話轉錯時，大可以告訴他打錯了，將他轉回給總機。但我沒有這麼做，而是當做可能蘊含機會的偶遇。結果證明確實是如此。

這通轉錯的電話後來發展成終生的夥伴關係。我沒有感到不耐，把湯米轉走，反而和他談起話來，之後兩人就經常談話，能有這樣的機緣是因為雙方都抱持開放的心態。

這種機緣巧合不常發生，但因為我知道任何偶遇都可能改變人生，因此即使是最微不足道的互動，我都一定拿出全部的正面活力。就像美國作曲家札帕（Frank Zappa）的那句名言：「心就像降落傘，不打開就無法作用。」

體認你可能是錯的

要抱持開放的心胸，你必須體認你在任何事情上都有可能是錯的。如果我要去參加工作上的會議或和妻子討論什麼事，我通常一開始就有某種看法。但一個人若抱著不可改變的目標進入談話，就不會傳達正面的情緒，而會讓人覺得帶有敵意。相信我，我以前常常這樣——衝進去參加會議，準備和人大幹一場。

若要避免落入這種心態，你可以在每一次互動中都做好一個準備：如果有人向你提出更好的點子，你願意改變心意。如果你是高階主管，一個初階員工的建議和你的觀點相衝突，你要盡可能讓他有機會改變你的想法。同樣的道裡，如果老闆要

採取的行動與你的評估相違背，要假設他知道你不知道的事，試著從對方的觀點評估情況。

你不會每次都被說服。但對方會明顯知道且感謝你願意給他公平的陳述機會。還有一點也很重要，這種性格會讓你自然更具說服力。

選擇興奮

就像舒赫特和辛格的腎上腺素研究所顯示的，憤怒之類的負面情緒和幸福之類的正面情緒只有細微的差異。另外兩種感覺，焦慮和興奮，也是。

不論是個人或工作上的重大活動都可能讓你很焦慮。想想如果你隔天要參加重要的商業會議、應徵工作、要在全班面前做報告，或者待會兒就要站到台上，在數百人面前舉杯祝賀。在這類情況下，別人通常會告訴你要「鎮定」或「放鬆心情」。但這是很糟糕的建議。你不能只靠意志力關閉焦慮，更好的做法是將那個感覺重新設想為興奮，仔細想想，興奮和緊張其實沒有那麼大的不同。

哈佛商學院研究人員布魯克斯（Alison Wood Brooks）二〇一三年的研究發現，利用這個技巧減低表演前的緊張有驚人的效果。[6] 在該實驗中，布魯克斯請參與者利用任天堂 Wii 電動遊戲「卡拉 OK 革命：歡樂合唱團」（Karaoke Revolution Glee）唱一首歌（誰知道，這可能是實驗心理學家最愛的遊戲）。比賽者被要求大聲唱出旅行者合唱團（Journey）的經

典歌曲《不要停止相信》（*Don't Stop Believin'*），被告知將依據歌詞的準確性評分。

但在這之前，實驗者先詢問參與者的感受，並要求他們依據隨機指派的答案說出：「我很焦慮」或「我很興奮」。此外，參與者被告知不論被指定哪一個答案，都要盡可能相信。換句話說，被指定「我感到焦慮」的人要將自己的感覺解讀為焦慮，另一組人則要解讀為興奮。之後，他們開始熱烈唱出：「她只是個小鎮姑娘，活在這孤獨的世界……」

聽起來很誇張，但告訴自己「我很興奮」的那一組，唱出的歌詞穩定度比另一組更準確。這些人僅僅是在比賽前對自己說話，就能將高昂的情緒狀態解讀為正面的——結果也真的表現比較好。

當然，你未必都能做這種情緒的再評估。假設你正緊張地等待醫療檢查結果或趕搭國際飛機，你的感覺是焦慮而不是興奮，告訴自己焦慮以外的任何感覺都不會有多少幫助。

當我們的團隊要準備重大比稿時，我一定會表現出對於可能爭取到很棒的客戶感到興奮——而不是對於潛在客戶是否喜歡我們、競爭對手準備了什麼策略，或這份工作會多麼辛苦感到焦慮。當我們不眠不休在期限內完成大型活動時也是一樣。這種時候非常耗費心力，壓力很大，但同時情緒也很高昂。因此我不會把重心放在我們是多麼疲憊緊張，我總是試著強調這一切多麼刺激，而且我們一起經歷。

我也可以用另一種方式激勵團隊，提醒他們成敗與否關係

重大（就像詹森的「雛菊」廣告），或萬一我們做得不夠好將造成多大的災難。但坦白說，這麼做不會有同樣的效果。因此，我不會強調情況多麼緊張，而會將之解讀爲讓人興奮的機會——就像拜登在羅斯福廳所做的。

　　維持整體而言正面的性格有很多益處，這些益處加在一起會讓你的說服力提高很多。你會想要身邊都是那種習慣保持正面的人──不論思想、信念或言行都一貫以正面的情緒為基礎。這種人的正面特質具感染力，會自然影響你，讓你更容易專注去看自己生活中較樂觀的面向。這種人比較討人喜歡，也讓人覺得更有深度，因此只要有可能，我們會覺得應該站在他那一邊。

　　但要把正面特質變成第二天性需要練習和紀律。

　　基本原則包括：

　　1. 要有感恩心。

　　2. 提出建設性的批評。

　　3. 相信壞球也可以變全壘打。

　　4. 體認你可能是錯的。

　　5. 選擇興奮。

　　若能將這幾點吸收內化，會幫助你在每一次互動中表現出富建設性、樂觀、吸引人的風度。

　　記住，人們喜歡周遭的人能反映自己希望具備的特質，以及希望擁有的感覺，因此，培養正面的心態會讓你更有影響力。

NOTES

第六章

表現一點尊重

知識給你力量，

但品格會贏得尊重。

——李小龍

尊重是說服他人的先決條件。如果你想發揮影響力但未能尊重你的聽眾，恐怕還沒開始說服就注定失敗。

　　當我們感覺別人表現出哪怕是最細微的輕蔑、侮辱或以居高臨下的語氣對我們說話，通常便會關閉心門，改採「我們VS 他們」的模式，開始將對方視為對手或甚至敵人。只要想想有多少戰爭是因一方不尊重另一方而激發的就知道了。

　　一個鮮為人知的極端例子是所謂的糕點戰爭（Pastry War）。一八二○年代，墨西哥脫離西班牙獨立後，墨西哥市的街頭爆發動亂，結果當然造成了一些損害。法國糕餅師雷蒙泰爾（Remontel）的麵包店被洗劫，糕餅被偷光。法國國王菲利普一世（Louis Philippe）得知後，要求賠償六十萬披索（相當於今日約三萬美元）──就為了一間店和價值約一千披索的糕餅（約五十美元）。墨西哥國會的反應基本上就是「我們決不可能為了一些糕餅賠那麼多錢」。於是法國海軍封鎖墨西哥灣的重要海港。墨西哥隨即宣戰，兩國交戰長達四個月，這場戰爭導致許多士兵傷亡。最後墨西哥付了六十萬披索，雷蒙泰爾得到嶄新的麵包店。因為這是透過強勢要求而非說服和尊重，雙方為了些許糕餅損失慘重。由此可見，當某人和你有過節，你不太可能透過強勢要求，說服對方從你的角度看事情。

　　反之，當別人平等認真地對待我們，表現出很尊重我們的時間、智慧、觀點和關注，我們很容易就會敞開心胸──至少為了回報對方的禮貌，我們會盡可能公平的聆聽。當我們敞開

心胸時，自然會放下戒備，而這正是你想要說服他人時希望看到的心態。

人們對於被尊重的渴望幾乎超越一切，尤其是在職場上。《哈佛商業評論》對全球二萬受雇者進行調查，發現上司的尊重對員工的影響超過調查中的其他任何因素，比反饋、升遷機會、肯定或甚至金錢都更重要。[1]

試舉二〇〇九年佛羅里達州東方路監獄（Orient Road Jail）的事件為例。那裡的獄卒穆恩警官（Deputy Ken Moon）坐在辦公桌前，一名囚犯突然對他暴力攻擊，施以可能致命的鎖喉。穆恩今天還能活著是因為有四名囚犯挺身護衛他。迪亞蓋茲（Jerry Dieguez Jr.）將歹徒打倒在地，另一名囚犯修菲得（David Schofield）拿起穆恩的無線電求助。另外兩人伍皇（Hoang Vu）和卡斯威爾（Terrell Carswell）也加入戰局，終於讓穆恩脫困。[2]

囚犯會保護獄警很不尋常。當被問到他們為什麼願意甘冒風險挽救穆恩的性命，歸根究柢和尊重有關。就像其中一位囚犯說的：「穆恩會特別費心照顧我們……他雖然是警官，對我們卻像父親一樣。」[3] 穆恩平等尊重地對待囚犯，因此他們也本能地站在他那一邊，雖然他的工作是將他們關起來。當他的性命遭受威脅時，他們還是選擇保護他。

黃金律（Golden Rule）是人類最普遍的合作原則，分析起來與我們對尊重的高度敏感有關。如果你希望在任何社會環境中與人相處和諧，對待別人就必須如同你希望被對待的方式

——也就是要尊重別人。這是非常基本的觀念，幾乎在有史以來的所有文化和宗教中都可以看到。

古希臘演說家伊索克拉提斯（Isocrates）教導我們：「別人對待你的方式若是會激怒你，你就不能那樣待人。」[4] 達哥拉斯（Sextus the Pythagorean）也說：「凡是你不希望發生在自己身上的事，你自己也別做。」[5] 有人問亞里士多德待人之道，他答：「完全依照我們希望別人對待自己的方式。」[6] 猶太教的妥拉（Torah）告訴我們要「愛你的鄰居如同自己」。[7] 這和耶穌在新約裡說的話幾乎一模一樣。

佛教偈文集《優陀那品》裡有句箴言：「勿以讓自己痛苦的方式傷害別人。」[8] 古印度史詩《摩訶婆羅多》教導：「你認為會傷害自己的事，就絕不能對別人做。簡單的說，這就是法。」[9] 伊斯蘭先知穆罕默德據信說過：「凡你想要得到的，要努力讓所有的人都得到。」[10]

黃金律是文明的基礎。

若沒有尊重，我們所知的文明將無由存在，更遑論任何形式的說服。

我們不會自然就記得習慣性尊重他人，但只要你付出時間去練習，這就會變成第二天性——類似情緒的肌肉記憶。

當我們不尊重他人，多數時候都是不自覺的。事實是，相較於自己對別人的不尊重，人們對自己所受的不尊重更敏感許多。喬治城大學管理教授波拉斯（Christine Porath）是職場禮節專家，就像她在文章所說的：「絕大多數的不尊重源自欠缺

自覺。只有 4% 的受虐狂表示，會不禮貌是因爲好玩以及相信自己不會承擔後果。較常見的情況是人們根本不知道對他人造成什麼影響。」[11] 既然我們都希望被尊重，簡單的自覺和專注對於促進尊重有很大的幫助。

另一個事實是，我們的數位科技一直在製造新的機會，讓我們能夠以前所未有的速度和頻率對同類表現出冷落、無禮、忽略、正義魔人上身、愛下指導棋或直接羞辱。一次思慮欠周的評論、部落格貼文、照片、推文，都能在短短幾天、幾小時或甚至幾分鐘內得罪全球幾百萬人，摧毀辛苦建立的聲譽。這使得尊重他人的品格比以前更難培養，維持這樣的品格卻也比以前更重要。

◇ 尊重他人：做一個可靠的人

要學會尊重他人，很重要的一點是做一個可靠的人，說到做到，絕不許下做不到的承諾。這樣的人是你可以倚靠的，也值得你信任。談到有深度的說服，「信任」凌駕一切。世界上最動人的論點、銷售話術、廣告活動都沒有意義，除非你相信最後將轉化爲行動。

即使違背了最微不足道的承諾也足以削弱你的可靠，同時顯示出你不尊重別人。試舉一個簡單的例子，假設你講電話講到一半，突然有緊急的事要處理，你告訴對方：「不好意思，我一會兒就打給你。」我們經常會說這句話，對方多半也都很

能接受。但如果你事後沒有回電，你的形象會大打折扣。

你也許對於違背這個承諾沒有很放在心上，被掛電話的那人卻可能很在意——人們對任何不尊重的表現都高度敏感。你的食言等於告訴對方，你只有在方便的時候才會在乎他。

即使是微小的承諾也要信守，這是展現品格和贏得信任的簡單方法。下面這些習慣可以讓你不必多想就能顯示你很可靠。

不要「輕諾」

如果你經常使用「承諾」、「保證」、「一定」之類的詞，要改掉。這類絕對的語言若是太隨意出口，可能會讓你惹上麻煩，因為你很容易就不得不食言。如果你坦白告訴他人你無法保證特定結果，人們多半能理解。

承諾之前請對方給你時間

如果你對於斬釘截鐵的承諾有一絲猶豫（不論事情大小），最好要求對方讓你考慮一天，或一週或甚至一個下午，以確定你是否真的能做到，如此可避免過度承諾。同樣重要的是，這會讓你有餘裕思考，是否值得把對方的要求擺在最前面，或者你只是一時昏了頭，只想取悅對方。

承諾時要低於期待，實現時要高於期待

當我碰到必須承諾特定結果時，我總是保守至上：我給的

承諾會比我能做的更少，這樣萬一發生意外的情況，無法按照既定計畫去做，我仍然可以守信。

務必守時，即使會要了你的命

要表現對他人的尊重和你的可靠，守時可能是最簡單的方法。有時候你可能必須縮短會議時間，以便準時赴約。這沒關係，相較於遲到十五分鐘匆忙進來會議室的人，人們對於為了信守先前與別人約定好的事而必須提早離開的人會寬容許多。

守時的一個方法是，每次約會都提早幾分鐘到達。試想想：「守時」的意思就是比預定的時間早一、兩分鐘。如果你的目標是提早一點點，你很少會遲到。坦白說，這是我每天都要辛苦達到的，至今還在學習克服。

◇ 尊重時間：人到心到是失落的藝術

俗語說：「人到心到就奠定了 80％ 的成功。」[12] 全心全意投入每一次互動是最純粹的尊重，尤其在這個時代，每一分每一秒都有很多事情在加倍要求我們投入專注力。

我雖未接受診斷但應該有注意力缺失症（ADD）。我不斷在動腦子，總是在想著下一個專案、目標、貼文、比稿、餐會等等。沒錯，你可以透過改善營養或甚至處方藥來克服這種問題，但你也可以訓練自己的思考方式，讓你的腦子在必要時能專注當下。

這個技巧的重點是要處理現代人維持專注的最大敵人：你的手機，其實也包括我們不是天生就能處理這些現代社會中容易讓人分散注意力的其他所有事物。我們都很熟悉一種情況：你和一個朋友、同事或點頭之交談話，談到一半對方伸手拿手機。也許是要檢查剛進來的訊息或是否漏接電話，或是想起必須回覆工作上的電郵。理由是什麼都不重要，重要的是在那一刻，對方正式停止專注在你以及你們的談話上，對方已不在現場。這是不尊重的表現。

這種行為太常見，英文甚至用一個專門的字 phubbing 來形容，意思是「滑手機冷落別人」（phubbing 就是 phone snubbing）。荷蘭提堡大學（Tilburg University）的研究人員檢視滑手機冷落別人對一百零四位學生的影響。[13] 每個學生與一個素未謀面的人配成一組，實驗開始前，兩人花十分鐘認識彼此。

然後每一組被隨機指派和另外三組的其中一組一起。這三組當中，一組對話時不能帶手機——這是「沒有滑手機冷落別人」的控制組。第二組的一人每當接到電話通知時就要在對話中滑手機冷落另一人，研究人員稱之為「被動冷落組」。第三組的其中一人被要求每次看到房間尾端亮燈就查看手機，和他對話的人無法看見燈亮，甚至不知道實驗的這個安排，研究人員稱之為「主動冷落組」。實驗的目的是研究：「沒有滑手機冷落」、「手機訊息出現時滑手機冷落」、「主動滑手機冷落」——這三種情況如何影響另一人對談話對象的感受。

查看手機的人被認為比沒有查看的人沒禮貌和不專心。如

同讀者可以預期的，「主動滑手機冷落」的人要比「被動滑手機冷落」的人引發更負面的情緒。

這不是單一研究結果。肯特大學（University of Kent）的心理學家先前所做的研究發現，人們光是看電腦模擬中一人滑手機冷落另一人就會產生負面反應。[14] 沒錯，就連卡通裡的滑手機冷落都會讓我們不舒服。南加大（University of Southern California）教授的研究顯示，75%的人相信，與客戶進行商業會議時檢查訊息或電郵完全不可接受，87%的人對於會議中接聽電話強烈反感。[15]

⬡ 在數位世界中如何分配你的注意力

很多情況下你必須專注在當下的互動，但仍然必須能接到電話。好比孩子生病時，在兩小時的會議中完全斷訊根本不負責任。或者公司某項時間緊迫的案子由你負責，案子目前正處於關鍵階段。或者老闆正經歷危機，無法花一整個下午等你回報。

這時的問題就變成：你如何給予談話對象他應得的尊重，同時能顧及不在現場的人？你可以嘗試幾種技巧。

事先道歉

你正和客戶、同事或甚至老闆開會，你事先知道，你基於某種確實很正當的理由必須待命。這種情況下，你要假設對

方是講道理的人，告知實際狀況。我通常會說類似這樣的話：「我知道聽起來可能有些不禮貌，但我的孩子生病了，我在等待醫生的消息，所以我可能需要短暫出去聽電話或回覆訊息。」或「我的室友正經歷危機，我可能需要出去幫她一下子。」不論你有什麼理由需要被別人找到，都要說明。

如此一來，你不僅能暫時放下手邊的事，避免愧疚或焦慮，還能確保不論身旁是誰，都不會因為你接聽電話而感到不受尊重。

告訴對方「很抱歉，但我需要查看這則訊息」可表達尊重，顯示你雖然中斷談話，此刻你仍把對方放在第一位。聽起來似乎是無關緊要的細節，但可以發揮很大的影響。你可以把你的手機想成關係的潛在破壞者，當你伸手去拿時，要確定你已給對方足夠的提醒。

簡短、親切、明確

如果你在面對面的會議中間收到重要的訊息，你要擔憂的不只是得罪身旁的人。有時候我會收到客戶的焦慮電郵，要求立刻回覆。如果我正和另一位客戶、同事或朋友喝咖啡，未必有時間打長長的回覆，這時我可能會得罪等待電郵的人，這人期待我一天二十四小時待命，尤其是碰到火燒屁股的情況時。

假設眼前的事並不是需要我立即中斷面對面的會議直接衝過去的急事（這種情況很少見），客戶需要的通常是某種安心，需要我保證了解狀況，一切都在控制中。因此我的策略通

常是盡速回覆——簡短扼要，明確告知何時聯絡。例如我會告知：「一切都在控制中。此刻我正在開會，但會在幾個小時內打給你，說明我的計畫。」

立即（或幾乎立即）回覆對多數人都是很寶貴的。當有人傳送訊息給你，你的回覆立即出現在他的收信匣，這就清楚表示你很注意對方，也就是很尊重對方。

告知你無法回覆

如果我要開會，而我知道開會期間某人可能會找我，我會先主動告知狀況，簡短發電郵或訊息 ：「嘿，接下來一小時我都在開會，但之後如果你需要聊聊，我隨時有空。」除非你是創傷外科醫師，很少有什麼狀況不能等一小時。

Mekanism 如何靠「人到心到」（以及馬丁）存活下來

Mekanism 最早期的成就有很大部分要歸功於我們很重視「人到心到」。二〇〇六年，微軟準備以轟動的數位廣告活動推出新的作業系統 Windows Vista。當時微軟的廣告代理商麥肯廣告（McCann Erickson）在數位科技方面不是很強，因此他們的創意長貝格（Rob Bagot）找上 Mekanism 補強。

那時候我們還是舊金山的一家小公司，主要以製作見長。能夠和微軟合作對我們是一件大事，也是最可能讓公司經營下去的希望所在，因為就像很多公司在草創階段一樣，我們快要彈盡糧絕了，只是在硬撐，很需要這個客戶來維持生存。

我們的原始概念是我的夥伴伊恩、彼得和湯米想出來的，要建立類似光明會（Illuminati）的祕密會社，取名「當你沉睡時」（While You Were Sleeping），以此爲基礎設計數位活動。據傳此社團的成員將包含幾位名人，如維珍集團的董事長布蘭森（Richard Branson）、名導庫布列克（Stanley Kubrick）、演員克里斯（John Cleese）和青年藝術家赫斯特（Damien Hirst）。我們將以此構想爲基礎，創造網路尋寶遊戲的中樞，吸收新會員加入。然後我們會建立社群式網站，鼓勵有意加入的人張貼見解、構想、創意觀點。這將成爲專屬性的社交網站。

這個構想被否決，我們又回到原點，微軟只給我們簡短的指示──廣告必須建立在**清晰**的概念上，因爲新的作業系統承諾可清除雜亂，讓人使用起來更自由。

我們想到採用透明布幕的意象，就是頭頂投影機使用的那種，你可以在上面寫字或表演皮影戲。然後湯米想起有一個喜劇表演者馬丁（Demetri Martin）就是利用這種設施來表演，在社交媒體上快速竄紅。一項產品若要吸引較年輕時髦的聽眾，他是最理想的代言人。湯米想像一系列網路影片，由馬丁編劇兼飾演一個受不了現代生活的人，再也無法應付龐大資訊的轟炸。

我可以不誇張地說，當時 Mekanism 的未來繫於是否能說服馬丁參與我們爲微軟設計的廣告。但我們還沒和他談，就先聽到很糟糕的壞消息。蘋果剛出高價請馬丁和《每日秀》

（*Daily Show*）編劇霍奇曼（John Hodgman）幫麥金塔拍廣告。霍奇曼將是個人電腦的化身──笨拙的宅男，代表使用微軟系統的電腦。馬丁則是代表很酷、很年輕的麥金塔，蘋果電腦的替身。

我們必須說服馬丁不要接受這個構想，告訴他：「你不會想要站在攝影機前，念出廣告公司幫你寫的台詞。從此，你這輩子在所有人的眼中就只代表一部電腦。」但馬丁正在半個世界遠的澳洲參加墨爾本喜劇節的表演。

我們可以打電話，從地球另一端賣力說服他。但我們立刻想到打電話行不通。沒有人會因為一通電話就拒絕已定案的蘋果廣告。要完成這麼重要的業務，我們必須親自前往。於是我們利用 Mekanism 最後剩餘的錢，花了幾千美元買機票從舊金山飛到墨爾本。

果然，我們這麼大費周章飛過去讓馬丁很感動，這代表對他和他的喜劇表演抱著不容置疑的信心。他最後點頭了，Mekanism 不僅拿下這個案子，讓我們能繼續經營下去，還一舉躍上廣告界的 A 咖行列。我認為那天在澳洲能夠成功，很大部分歸功於一個簡單的事實──就是我們出現在他面前。不論我們的創意多了得或微軟多麼欣賞我們的構想，如果我們低估了「人到心到」和表現尊重的重要，根本不可能嘗到勝利的果實。

⬡ 尊重你的錯誤：承擔責任

談到保證，有一件事我可以保證是真的：人偶爾總不免搞砸事情。你總會說錯話、無意間得罪人、不夠體恤、犯錯、說了冷笑話，或以某種方式在社交上搞砸。也許是私底下的挫敗，只有親近的人才看得出來，但也可能是社交媒體上很公開的失誤，讓你認識的每個人以及不認識的許多人都注意到了。

在這個時代，一句沒腦的話就可能嚴重破壞你的聲譽到無可彌補的程度，而且發生的速度可以非常快。學習明智地處理這些難以避免的危機非常重要。如果你在社交媒體上失言或甚至私底下說了引發反彈的話，人們可能立刻對你做出無法扭轉的評斷。

性格特質真正具說服力的人，即使發生這類事件也可以絲毫無損其影響力，甚至可能更加強化他的影響力。要成功處理這類高度敏感的情況，關鍵在於為你的言行負責（即使這麼做很痛苦），展現對聽眾的尊重。

預防勝於治療

在推特或 LinkedIn 一則不當的貼文可能讓你的世界天翻地覆，理由是可以被無數的人看見，你的無傷大雅的訊息被誤解的可能性也就跟著提高。不僅如此，社交媒體的內容往往永遠存在，你根本不知道數年後還有誰會偶然看見你的訊息、可能會如何解讀，或將來事情爆發時你的人生正處於何種狀態。

迪士尼會開除《星際異攻隊》（*Guardians of the Galaxy*）系列電影的導演岡恩（James Gunn），就是因為他在二〇〇八年到二〇一一年間發了一些很讓人反感的推文。那些推文談到很多東西，包括戀童、強暴、愛滋、猶太大屠殺，看起來岡恩是在挑戰尺度，故意說一些他想得到的最讓人反感的東西。[16] 他說那些話的時候可能引發一些笑果，完全沒想到會損及他的事業。那些推文被刪掉了，但這無關緊要。現在每個人都知道，一樣東西一旦上網，差不多就永垂不朽了。岡恩似乎又回去工作了，但那是經過道歉和一段時間的沉澱之後，他才能重新站穩腳步。

　　有時候我和家人朋友說話喜歡誇張一些，但現在我從不會逾越界線。如果我還是會得罪人，至少我面對的是很了解我的人，我希望對方不會依據一、兩件錯誤來評斷我。

如何挺過社交災難

　　我們都是凡夫俗子，有時不免搞砸。我們天生不完美，每個人都會犯錯。

　　防患未然當然很好，但即使是最謹慎的人有時候也會說錯話而必須付出代價。那該怎麼辦呢？

　　有一整個產業專門處理這類情況，他們使用的專業術語叫做「危機管理」和「傷害控制」。但這種反應只是處理技術層面的問題。如果你努力培養好的性格特質，包括前面談到的真誠、長遠思考、慷慨、尊重等，你不應該還需要這麼講求策略

思考。你不會想要說出最可能讓你陷入風暴的話，而會想辦法展現你的真實面，讓人們自己判斷該如何看待你。

就像水門案時代的一句名言：「問題不在犯了什麼罪，而在於掩蓋。」當人們做出可能產生嚴重社會後果的逾越行為，通常不是毀於行為本身，而是事後的反應方式。柯林頓總統會被眾議院彈劾，不是因為對白宮實習生做了什麼，而是因為宣誓了還說謊以及為了掩飾過錯而阻礙司法。[17]

當一個人犯了重大的社交錯誤——好比在網路張貼愚蠢的貼文、說了白目的笑話、盛怒之下發飆罵人、故意羞辱別人——長久的傷害源自別人對你的印象改觀，感覺第一次看見這個人還有我們不知道的另一面。我們會想到（即使是潛意識），最好的情況是這人呈現出來的形象只是他的一部分，最糟糕的情況則是這人在薄薄的表層後面，隱藏著可厭、可恨、無知或惡意。我們會感到被騙和不受尊重。

如果那人接著轉而採取傷害控制模式，否定、粉飾或嘗試其他的花招，結果將只是印證了我們最擔憂的事。議員韋納（Anthony Weiner）不小心在推特張貼他的下半身照片後，上電視模糊地解釋他的帳戶如何被駭。如果在這種明顯的偽裝之前，他的支持者還有任何意願要站在他那邊，這個善意也被他的嘗試欺騙浪費掉了。到頭來他讓我們看到太多部分的他，超乎他原本所希望的。[18]

要優雅地處理狀況，唯一的方法是坦誠讓人看到最好的

你，包含所有的優缺點，沒有但書。這樣的反應不只表示對聽眾的尊重，也是對你自己的尊重。要做到這一點，有幾項原則值得記在心裡。

誠實面對自己

你是否剛剛在網路上詛咒某人？是否剛說了不體貼的話傷害了朋友？你是否剛提起一個上帝為證你真的不知道對在場某人很敏感的話題？不論是什麼因素引發一場風暴性大火吞噬了你，你的第一步應該是弄清楚你為什麼會變成這樣子。

也許你就是火大，一時衝動想要傷害別人。或者你當時真的以為風趣，現在明白並不是每個人都喜歡那則笑話。也可能你只是欠缺某項重要的資訊，若知道事實就不會那樣說了。

我們很多人的第一個本能反應是為自己辯護，尋找方便的藉口，或乾脆打否定牌——像韋納那樣。這樣的反應不只表示對聽眾不尊重，也是對你自己不尊重。如果你願意對自己說謊，只為了避免面對自身行為的後果，你就是在辜負你自己。唯一的改善方法是體認你自己的弱點，決心改善。如果你沒有尊重自己到可以這麼做，當然也就無法表現出對別人的尊重。唯有當你先以同樣的尊重對待自己，才能發揮黃金律的效果——你希望別人怎麼待你，你就怎麼待人。

當情況惡化時，我們有時候都會死硬不承認。即使是我們之中最優秀以及最具影響力的人，也需要對抗這種本能反應。

清楚快速地表達你的覺悟

一旦你釐清自己嚴重失誤的真實原因，接著要想出最清楚直接扼要的方式說出來。講太多或想要美化你的解釋都只會讓人覺得你有所隱瞞。例如你可以簡單地說：「我當時很生氣，一時衝動說了愚蠢傷人的話，那是錯的。」

道歉——真誠道歉

解釋之後，接下來從你口中（或社交媒體帳號）說出的話應該是道歉。

表達懊悔的最佳方法是什麼？道歉時如何措辭最能達到效果？這些就留給策略專家和操縱大師去討論。我只有一個建議，就是遵循黃金律，想想如果你是受害的一方，你希望得到怎樣的道歉，那就是你該給的道歉。換句話說，表現出你的尊重。

即使是微小的輕視和冒犯也會讓人很敏感。一旦你觸動不尊重的警鈴，通常就不可能再將人們拉回到你這邊。此所以尊重別人是具說服力的性格不可或缺的元素。

表現尊重的方式可歸結為三項元素：

1. 尊重他人：不論多小的承諾都要說到做到，讓人可以信賴。

2. 尊重時間：與人談話時要人在心在（如果沒辦法專注，要說明原因）。

3. 尊重錯誤：真的搞砸或犯錯就要承認，利用這種時候展現你誠摯的尊重、慷慨和誠實，有風度地好好處理，承擔責任。

如果你想要維持你的影響力，就必須利用這些時候把握機會讓人看見真實的你。

如果你不具備習慣性地表現出尊重的態度，就很難發揮有深度的說服力。

▍原則 2「慷慨」的省思

慷慨的人較具說服力——真的就是這麼簡單。慷慨的人遇到任何事都會努力改善現況，而且不會考慮自己能有什麼回報。這樣的人會讓人感覺更值得信任，更有磁吸力，合作起來更愉快。我們都希望周圍是慷慨的人。所以如果你能培養出這種性格特質，你就已經排除了說服別人的許多阻礙。

培養慷慨的方法很多，下列習慣是對我特別有效的。

每一次互動都樂於付出：每當你與人互動，你的目標應該是讓對方比以前更好一點。所以務必給點什麼——可以是推薦、建議、稱讚、禮物或只是你的時間和關注。不論你給什麼，一定必須是真誠的。一開始你不會自然就養成這個習慣。但慢慢地你會開始依據他人的需求來看待你與人的互動，也就會很容易找到付出的最佳方法。

練習做一個正面的人：負面情緒可以發揮強大的說服力，但這世界不需要更多的焦慮、恐懼、仇恨和分裂。所以如果你要發揮影響力，最好採取正面的方式。首先你要學習讓你的正面情緒成為你看待世界的主要角度。

做到這一點會讓你發揮更大的影響力，因為你會讓人感覺

充滿希望，因而願意認同你看事情的角度。你的說服力會是源自於你的慷慨。

實務上你要培養對生命中美好事物的感恩，提出批評時必須是出於建設性的理由，體認到即使是最沉悶無趣的互動也可能促成美好的結果，抱持開放的心態，面對焦慮的狀況能換個角度思考，找出讓人振奮的理由。

尊重，才能認真對待別人：如果你想要說服他人，最快速的失敗方式就是不尊重——不尊重別人的智慧、信念和經驗。

所幸要避開常見的不尊重表現並不是太困難。只要學習信守承諾、盡可能人到心到、犯了錯就快速誠懇地承認，你就能培養出明顯表現尊重的性格。

做一個慷慨的人就能發揮有深度的說服力。

所謂說服基本上就是要和意見不同的人溝通。你必須先了

原則

3

同理心

如果你無法理解某人為什麼不贊同你，就不會有太大的機會讓對方改變心意。演講時說得天花亂墜或廣告製作得再高明，若無法訴諸聽眾最重視的價值觀、關切的事物和信念，都沒有多大的價值。不僅如此，對別人的觀點若僅有表面的、理性的了解也是沒有用的。你必須在直覺的、情感的層次「懂」你的聽眾，能夠透過他們的眼睛看事情，了解究竟是什麼因素讓他們形成某種意見和信念。這需要同理心。

　　具同理心的人善於克服歧見，拉攏別人站在自己這一邊，避免因「我們 VS 他們」的思維導致說服力被削弱。在他眼中，人與人基本上是平等的，有很多相似處。他習慣與周遭的人建立良好的關係，自然能找到方法和別人合力達成共同的目標。這樣的人就是說服大師。

第七章

重點不是我，是我們

你必須打從內心感受別人的感受，

才能了解別人。

——史坦貝克（John Steinbeck）

解聽眾爲什麼會有某種想法，才可能有成功的機會。也就是說，你要眞正理解對方爲什麼抱持特定立場，有哪些信念是牢不可破的，哪些可以商量。然後還要站在他們的立場去討論，而不是站遠遠地教訓。任何人若希望練習有深度的說服，同理心是絕對必須具備的特質。

同理的意思是能夠意識到並了解別人的感覺——或者如同現代人常說的，能夠「懂得」另一個人。當別人能懂我們，要同意對方無可否認會容易許多。所以我們必須嘗試設身處地去眞正了解對方。

不幸的是現代人很欠缺同理心。有很多理論提出解釋，認爲可能和社交媒體會依據使用者的喜好篩選內容有關，或受到新聞頻道影響或自己太想出名。我們變得非常善於只接觸和自己既有觀點相符的觀念和論點，與我們相衝突的聲音一律關閉不聽。我們很多人都可以好幾星期沒有接觸與自己有根本差異的世界觀。

這個新現實導致我們愈來愈難以發揮同理心。只要有人在某件事情上和我們意見相左，我們不只認爲他是錯的或資訊錯誤，更會認爲對方沒有價值或甚至是壞人。我說的不是法西斯主義者或白人優越論者，而是剛好隸屬不同政治陣營或對某件事抱持不同意見的人。

在一九六〇年，只有 4% 的民主黨員和 5% 的共和黨員承認，如果子女的結婚對象屬於不同政黨會讓他感到「不悅」。[1] 在那個年代，一個人不會僅僅因爲他是民主黨員或共和黨員

就不是好人。到二〇一六年，堅定支持民主黨的人和堅定支持共和黨的人分別有 60％和 63％的人反對異黨通婚。[2] 那還是川普實驗之前的情況。

如果說這種態度的改變顯露出任何訊息，那就是人們愈來愈欠缺同理心。並不是我們不了解某人爲何在醫療保健、移民或稅務改革上抱持不同立場，而是我們往往根本沒有眞的嘗試去了解。我們不會認爲政治反對意見者也是人，只是在這些複雜的議題上獲致不同的結論，反而會直接做出最糟糕的假設。

本質上，這與促成種族主義、性別主義、排外及其他惡意歧視的「我們 VS 他們」的粗糙思維並無不同。我們要在多元的公司、社會、國家、世界共同生活，唯一的希望就是能說服彼此，找到共同點。但若沒有同理心，就不可能做到這一點。

透過同理心發揮影響力：歐威爾和布萊的故事

同理心可以改變人們的想法，甚至引導人們重新思考看法最兩極的議題。我最喜歡舉的一個例子是歐巴馬總統關於非裔美籍少年崔文·馬丁（Trayvon Martin）被殺事件的反應。馬丁於二〇一二年二月二十六日，在佛羅里達桑福德（Sanford），被社區守望相助隊成員齊默曼（George Zimmerman）槍殺死亡[3]。這個事件讓美國種族議題的討論炒得火熱。全美到處爆發抗議，電視新聞充滿對此事件發生的情況、象徵意義、究竟應該怪誰的激烈意見。

在事件後幾週，身為第一位非裔總統的歐巴馬在評論馬丁之死時要非常小心。當時法務部還在調查該事件，總統身為聯邦政府最高首長，更不必說也是全世界最有權勢的政治人物，他必須很小心不要在事證尚未收集齊全之前表達評斷，從而影響調查。同時他知道他必須表達看法，必須利用他的重要位階協助引導辯論的走向，緩和這場讓全美陷入分裂的爭議。

他等了二十六天都沒有說話，但最後他也不能再保持沉默了。在一場不相關事件的記者會（他宣布提名金墉擔任世銀總裁），一位記者提問：「是否可以請您就馬丁的案子發表評論？」他的回答是透過同理心發揮影響力的經典：

> 我只能想像這對父母的經歷。每當想到這個孩子，我就會想到我的子女。我想全美國的每個父母都應該能了解，為什麼我們一定要周詳調查每一個部分，聯邦、州、地方各級相關人員一定要齊心協力，釐清這場悲劇究竟是怎麼發生的。[4]

然後他說了總統任期內最有名的一句話：「如果我有兒子，應該就像崔文。」[5]

這個事件在當時已變成挑撥離間、讓國家陷入分裂的爭議事件，他卻將它拉回到每個人都能理解的普遍層次：某個人的兒子被殺了。他請全國同胞同理崔文的父母，在那一刻他把所有的人拉到同一邊。這個事件原本已變成抽象的寓言和政治武

器，卻被他重塑成可能發生在我們任何人身上的悲劇。

當然，歐巴馬未能修補環繞這個事件的種族主義、警察暴力、槍枝暴力以及其他兩極化議題所引發的社會裂痕（其後甚至更形惡化）。但他絕對改變了我們多數人了解這個事件的方式。他的做法是請我們設身處地站在馬丁父母的立場想，看到所有相關人士也都是人。

具影響力的政治家向來擅長運用同理心讓人擴大眼界，從不同的角度看事情，歐巴馬遵循的就是這個源遠流長的傳統。歐威爾在他的第一本書《巴黎倫敦落魄記》（*Down and Out in Paris and London*）裡就是運用這個技巧。這本一九三三年的回憶錄，敘述歐威爾在兩個城市最底層的窮人當中生活與工作的經歷。人們讀了這本傑作之後，再也不可能對這些地方最弱勢者的真實痛苦與高尚尊嚴視而不見。這本書至今仍是我們了解遊民問題的標竿。事實上這本書仍非常符合時代所需，遲至二〇一八年夏天，演員與劇作家還在巴黎和倫敦舉辦劇場活動來紀念這本書。

早在歐威爾將歐洲都會窮人的悲慘境遇鮮活呈現之前數十年，一八八七年便有調查記者布萊（Nellie Bly）入住精神病院，以便對美國精神病人遭受的不人道對待提供第一手敘述。她在十九世紀末所寫的文章最後集結成為《瘋人院十日》（*Ten Days in the Mad-House*），這本書促成該精神療養院進行早就需要進行的改革。[6]

今日一些極用心的記者延續這個傳統，訴諸讀者與生俱來

的同理心，讓他們看清楚平時寧可避免看見的醜惡眞相。我在名爲「行銷五十」（Marketing 50）的產業活動中，聽見《老千騙局》（*Liar's Poker*）、《魔球》（*Moneyball*）和《第五風暴》（*The Fifth Risk*）的作者路易士（Michael Lewis）說了下列的話：

> 如果我告訴你敘利亞內戰導致五十萬人命在旦夕，你可能不在乎。但如果我告訴你某個十歲男孩，和你的兒子差不多年紀，在放學回家的路上死掉，並詳細敘述他的故事給你聽，你會覺得必須做點什麼來制止這種事發生。

這些例子都證明，同理心和具體例證比任何方式的說理更能有效影響人們的意見和重塑對話。

⬡ 右派（以及左派）的立場讓人盲目

要知道欠缺同理心如何阻礙說服力，我們可以看看最近的一項研究，研究者是多倫多大學羅特曼管理學院（Rotman School of Management）的費恩伯格教授（Matthew Feinberg）和史丹福大學的社會學家威勒（Robb Willer）。兩人在數次實驗中，請參與者想出一套論點來說服政治反對意見者。舉例來說，自由派的參與者必須以訴諸保守價值觀的論點

來為同性婚姻辯護。同樣的，保守派必須說服對方陣營接受以英語為國語。實驗結果無法讓人樂觀。

在同性婚姻的例子裡，只有 9％的自由派想出從保守價值的角度出發的支持論點。這絕非不可能的任務，如同研究所顯示的，自由派可以將論點建立在基本的保守派原則上（如忠誠），主張同性戀的男女既是美國人，就「有資格和我們平起平坐」。[7]

另一方面，只有 8％的保守派能夠依據自由派的價值，主張英語為什麼應該列為國語。這其實同樣沒有那麼困難。你可以主張，採取單一官方語言有助對抗歧視。[8] 但首先你必須真正了解意識形態的反對陣營是怎麼想的——能夠從對方的眼睛看世界。

有些參與實驗的人真的會提出論點，公開攻擊對方的道德標準，即使已被明確要求必須想出對方會覺得具說服力的論點。你不必是說服力專家也會知道，把聽眾塑造成壞人不會讓人轉變心意。[9] 這些偏袒特定政黨的人沒有能力透過不同意見者的眼睛看待敏感議題，也就是欠缺同理心，結果也導致這些人的說服力低到無可救藥。

這種普遍性欠缺同理心的現象或許讓人氣餒，但這其實大可以矯正過來。雖然電視新聞頻道、政治發言人、社交媒體都在削弱我們同理對手觀點的能力，而這些都是我們不太有能力控制的。

我們能控制的是自己的性格。

多培養同理心，我們就有可能說服別人，甚至我們自己也可能被別人說服。第一步是學習習慣性對別人抱持好奇心。

🔷 自然地對別人好奇

有一種歷久不衰的智慧告訴我們，如果你要討好別人，就請他談談他自己。問問對方的孩子，他放假都做些什麼，是否將計畫去哪裡度假，這一類談話。如果你在辦公室工作，可能一天到晚都在聊這些，不論是會議開始前為了活絡氣氛的談話或走到電梯途中的閒聊。我們很少相信提問的人真的在乎答案，大家都很清楚這類例行聊天只是做做樣子。

一般而言，人們總喜歡談自己，讓別人對自己有某方面的了解。但談話要達到這個目的，談話者必須分享對他真的有意義的事，還要感受到聽者真的感興趣。所以真正對別人好奇並讓這份好奇引導你們的談話是有益的。如果你能養成這個習慣，你會窺見對方具有你原本可能無法看見的一面。這時候，你便有了材料可以了解對方的觀點。

好奇心是可以學習的，就像任何技能一樣。人們往往未能明白這一點，理由是我們對於什麼是好奇抱持錯誤的觀點。產生好奇的主要原因不只是在乎什麼事，而是按捺住一個念頭：你已經知道所有值得知道的事。

這也是為什麼我們喜歡聽那些印證我們既有看法的新聞，或和那些與我們及我們的朋友相似的人在一起。我們（通常在

潛意識）相信我們了解這世界的運作方式，因此沒有必要尋找新的資訊，或碰到人或事違背我們條理清楚的認知時，不覺得有處理的必要。這種無所不知的感覺當然是一種選擇。不論我們是否承認，我們永遠有無知的地方，就像心跳永遠與我們同在。

當我們體認到，我們對某個人、某個事件、某個政治議題還有不知道的部分，好奇心就會飛揚起來。一旦我們將這份知識的欠缺內化，這就成了必須滿足的慾望。我們會產生必須解答的疑惑，亦即自然生出好奇心。

特別就人而言，欠缺好奇心通常是因為我們以為自己已經見過世界上每一種人，一旦我們將新認識的人歸入其中一類，就沒有什麼可以再了解了。對別人保持好奇就是要翻轉這個觀點，這可以透過幾項技巧做到。

對別人的奇特產生疑問

看到別人有特別的興趣和怪癖，我們自然的衝動是將他們放入特定的類型，尤其當我們沒有同樣的強烈興趣或行為時。如果你隔壁桌的同事在桌子四周貼滿火人祭（Burning Man）的照片，你的第一個直覺可能是將她貼上嗑藥、自由奔放的現代嬉皮標籤。或者如果你妹妹的男友用電影《星際大戰》的畫面當做螢幕保護，你可能以為他是不善社交的科技宅男。

走捷徑較節省時間，但沒有人喜歡被定型。

這些小事會讓你窺見某人性格的一小部分，但你不要當做

這就回答了那個問題：「這人是怎樣的人？」而要當做是新的問題。也許你從來沒有想到要去參加火人祭，也不了解那有什麼吸引力，你可能被各種誤解占滿心思。但這是學習新事物的好機會，不只是關於那個人，還包括那整個文化。

或者某人是素食者，你是無肉不歡的人，還要三分熟的紅屋牛排。也許他的飲食習慣源自你從來沒考慮過的觀念，也許他也喜歡吃肉，但因為某次健康的危機而不得不改吃素，也許他從小就是吃素的。如果你表現真誠的興趣，對方很可能會坦誠回應，分享他的某些事情，讓你對他有更深的了解。

我是聽了訪談專家、記者福斯曼（Cal Fussman）的話才學到這個技巧的。他說，當你提出真的讓被問的人很開心的主題，「對方往往會很感謝你的提問，讓他有機會思考他非常感興趣的領域，然後多半就會更深入談那個主題。你所創造出的自在感會讓對方對你產生信任。」[10] 他致力於透過提問找出真正的答案，事實上他的整個事業就是建立在問對問題上。

只要仔細觀察，慢慢地，你會愈來愈覺察到周遭的人可以多麼難以預測。一旦你有了這樣的體悟，你自然就會對別人產生好奇。

減少閒聊

這是上一個技巧的自然延續。閒聊真的會讓互動或談話喪失意義，尤其如果你只是為了禮貌而虛應故事。你知道我說的是哪一種閒聊：「你覺得今天天氣怎樣？」「塞車塞成這樣，

你能相信嗎？」這類談話鮮少導向有趣的交流，幾乎總讓人懶得回應。聊天氣到底會多有趣？

　　你要做的是真正有意思的對話。有時候你無法想到一個明顯的問題可以問，這種情況下，我會想想有什麼話或問題可以激發更深刻的對話。舉例來說我會分享我自己的某件事，然後問問題請對方也分享他自己。我可能會說：「我昨天一整晚都在讀一本談一九三○年代義大利拳擊手的書，辛苦工作了一天真讓我的腦子清楚不少。你也有這類的紓壓管道嗎？」

　　如此開啟的對話主題，對兩人來說都確實具有意義。你跳過寒暄閒聊，以最快速的方法進入有意義的對話。如果做得對，你不僅能培養出好奇心，還能激發同理心。

走出熟悉圈

　　還有一個可靠的方法可以培養你對別人的興趣，就是跳脫原本的圈子，和你平常不會在一起的人相處。你最親近的圈子無疑都是有趣又有吸引力的人，但如果你真的要對別人產生好奇，不妨找機會接觸一些在比較重要的層面上是你不太熟悉的人，這樣會對你很有幫助。

　　可以是很簡單的事，好比去參加你通常因朋友不去就不去的派對。也可以是接受朋友的邀請到他的教會做禮拜，縱然你是回教徒或根本沒有宗教信仰。或者放假不要到海邊烤肉喝雞尾酒，嘗試追隨歐威爾和布萊的腳步，找一處風俗文化和你接觸過的都不相同、你不太熟悉的地方走走。

幸運的話，你會明顯發現，這些文化遠比你想像的更複雜、更出人意料。你會開始體認到，你對朋友的教會或中西部或西班牙南部其實了解很少。我們都是利用這樣的經驗來深化對人類的了解。不妨試著了解別人的言行受到什麼因素驅使，熱愛和恐懼什麼事物，如何建立他的人生哲學和意義。

簡而言之，提出你真的想要知道答案的問題。

◇ 多聆聽，少評斷

做一個好聽眾的最大阻礙是評斷。我們多半較容易過度偏向和自己既有觀點相吻合的資訊，心理學家稱之為確認偏誤（confirmation bias）。這是很強大的偏見，即使是最公正的人也隨時會犯這個毛病。

但你若要成為好的聽眾，就必須將你自己想最多的事和最喜歡的理論擱置一旁，尤其當你的談話對象抱持不同的觀點時。你可以試試讓紅襪隊球迷承認紐約洋基隊這一季的後援投手比較好，你就知道這有多困難了，即使這是不爭的事實。他們可能會拋出各種對自己有利的事實來證明他們才是對的，完全忽略與其論點相衝突的事證。

若要降低你自己的這種傾向，一個方法是將對話視為你被證明錯誤的機會。如果你要培養這種心態，可以將幾種技巧記在心上。

假設別人是天才

在 Mekanism 這已成爲類似座右銘的一句話。我們不斷提醒團隊，他們要時時假設客戶比我們更聰明。我們常說客戶是天才，這句話是用來預防我們落入思考的惰性。

如果你從一開始就知道你的客戶很專業，你會更注意自己的構想有哪些弱點，因爲你會一直自問：「一個聰明又資訊超充足的人對這件事會有什麼看法？」一旦你抱持這種心態，就比較容易誠實告訴自己，哪些構想非常穩當，哪些經不起考驗。

這種思考方式也有助於讓你成爲好的聽衆。如果你和一個意見不同的人談話，你首先應該問的是：「一個聰明又了解狀況的人爲什麼會抱持這個立場？這個觀念爲什麼對一個和我一樣聰明（或說不定更聰明）的人這麼有吸引力，我是不是遺漏了什麼？」

給對方充足的時間

好的聽衆會讓對方說很多話，這部分你應該知道了。但這個原則不只是基於禮貌。當你和一個觀點不同的人交談，你的目標應該是從最正確的角度了解對方的立場。記住，你是要回答這個問題：「一個聰明的人爲什麼會這樣想？」如果你要弄清楚這一點，就要給對方足夠的時間和空間，盡可能清楚周詳地表達他的想法。

有不了解的地方要承認

對方的某句話可能讓你覺得需要釐清，或你不明白他從 A 前提導向 B 結論的邏輯。也許對方指的某一本書、某個人或某件事你從未聽過。利用這些時候鼓勵對方換個方式敘述他的論點，提供重要的背景資訊，或以其他方式講述得更周詳，如此可讓談話對象知道你聽進他的話了。

詢問對方如何產生他的信念

我們抱持的信念鮮少只依據事實、邏輯和論點，背後幾乎總有更深刻的故事。你可以詢問對方一開始是如何產生他的信念的，這很有助於找出背後的故事。也許他從小就被那樣教養，也許是因為大學時期某個極具個人魅力的教授帶給他很大的影響。也許對方經歷了某種啟發性的生命經驗，之後才得出那個結論。觀察是否有這種深刻影響的徵象，然後進一步探問。

好比妳和男友對於週末要做什麼意見不同。他一定要去聽音樂會，妳寧可去看剛上映的電影。妳可以發揮同理心，提出問題探詢男友為何一定要聽音樂會的真實理由，不論結果是順著他或改變他的心意，妳都會更自在地接受。最後妳可能發現，表演的樂隊是男友中學或大學時最喜歡的樂隊，對他有很深的懷舊價值。知道這件事之後，決定去聽音樂可能會是比較好的選擇。或者妳可以指出，一起去看那部很精采的獨立製作電影，可以讓你們兩人創造新的回憶。

從最好的角度重述對方的觀點

當對方說明他的立場，你可以嘗試以最直覺的方式重述他的觀點。你採取的重述方式是對話而不是對立。通常是這樣開頭：「所以你的意思是……」或「我說說看是不是聽懂你的意思了……」

你必須盡力不要錯誤重述對方的立場，而要確認你聽懂了。哲學家稱之為善意理解原則（principle of charity），[11] 基本概念是，如果你要挑戰某人的立場，就必須先得到最正確的版本。

找尋共通點

你在聆聽別人的觀點時，很重要的是找出對方的立場中你能接受的部分。對我而言，共通點的這個部分通常是對方的意見背後最重要的價值。因此你要試著找出這個東西。也許他們對於移民的看法歸結起來是因為重視公平，也許是關於忠誠、慷慨或同情。我們或多或少都會重視這些價值。所以如果你能將對話導向這些普遍的概念，便比較可能了解對方為什麼那樣想。

在上述多倫多大學的研究裡，實驗的參與者之所以未能闡述具說服力的論點，是因為他們不了解反對者的立場背後的核心價值。自由派未能明白保守派最重視哪些共同的理想，反之亦然。只要稍微努力就可輕易避免這個錯誤。

在 Mekanism，比稿的重點是讓潛在客戶談他們最重視的事——他們的價值觀、目標、如何看待這個世界以及他們公司

在其中的位置。我們尋找的是能引發共鳴且我們能用以激發構想的觀念。最理想的狀況是我們能直接引述客戶的某句話，眞正反映他們的想法。

等到我們要報告構想時，我們會說：「在之前的會議中你們說的一句話非常有道理，我們受到啓發開始思考，才會想到接下來的點子……」這通常是我們在比稿中對潛在客戶所說的最有力量的一句話。因爲當我們重述客戶某一種剛好和我們不謀而合的信念時，就是表明我們很懂客戶，而且還從客戶身上得到靈感。從某個角度來看，這便讓客戶可以放心地擁抱我們的作品，或至少抱著開放的心態來評量。

你的目標應該是更了解對方言行背後眞正的驅動力，哪些基本原則是他們最不願意放棄的，哪些是他們可能考慮修正的。如此你在敘述自己的觀點時，拉攏對方認同你的機會將會大很多。

對方會感覺你很懂他，而且這是事實。

同理心和說服力密切相連。如果你想打動別人，最好先了解對方是怎麼想的。即使當某人已經站在你這一邊，採取對方的觀點也不容易。如果對方看待世界的角度和你大不相同，那就更難了。

現在的人太容易就可以留在自己的同溫層裡，不論是意識形態、哲學、文化或社會經濟的同溫層，以致因疏於練習而很難擁抱新的觀點。這很可悲，很容易就會讓我們的說服力大受影響。

但這並不是不可改變。我們可以決定要成為更有同理心的人，只要心存兩個目標：

1. 成為自然懷著好奇心的人。

2. 多聆聽，少評斷。

培養同理心的目的不應只是為了贏得辯論、選舉，或碰到世界觀相衝突、互看不順眼的人時能收服對方。真正的理由是，唯有如此才能讓不同背景和信念的人最後找到共處之道。

如果你努力變得對別人產生更多好奇，便會提出有趣的問題，不帶偏見地用心聆聽，從對方的觀點來看事情，你就會成為我們都會想要贊同的那種人。

第八章

合作的必要

如果你要說服他人，

你要想著對方的利益，

而不是講道理。

——富蘭克林（Benjamin Franklin）

如果你要說服的人已經站在你這邊，即使只是表現在很小的地方，你成功爭取對方支持的機率便會大增。所以善與人合作的人通常也是成功的說服者。

　　當你和別人一起合作某件事，不論是私事、工作、玩樂，你們理所當然就是屬於同一國的人。當一個人已經和你屬於同一個團隊，你會比較願意聽聽他怎麼說，信任他的判斷，關心他的福祉，將他的觀點當做自己的觀點。

　　在七〇年代初幾次具標誌性意義的實驗裡，心理學家泰菲爾（Henri Tajfel）與同僚任意將參與者分成兩組（包括透過擲硬幣）。雖然是隨機分組，還是會產生「我們 VS 他們」的強烈心態。當在實驗中被要求分配具有金錢價值的點數，每一組的人都明顯偏袒同組的人。即使參與者從來沒有見過同組的人，也沒有理由相信將來會再見面，這種偏向同組人的情況還是存在。[1]

　　我們潛意識認為合作者基本上和自己比較相似。他們的事變成我們的事。當我們同意同組人的意見或幫他們的忙，就是在確認一開始決定和他們合作是對的。

　　互助合作與公民參與已融入美國的民族性。美國的建國者會發動獨立戰爭，一大部分是因為不願意接受他們無法參與創立的制度和法律。當時的宣傳口號是「沒有代表權就不繳稅」，也就是要求讓人民參與政府的決策。

　　結果造就了今日仍代表美國基本價值的民主制度，這種政府的合法性係建立在一個事實上：政府基本上就是合作的產

物。我們或許不會贊同每一條通過的法律或每一次選舉的結果（這一點可以很肯定）。但即使不贊同，我們還是接受其合法性，因爲過程中我們都參與了——我們是合作者，透過選票表達了心聲。民主制度不完美，但要讓各式各樣的人民同意一套法律，這是我們能想出的最佳方法。所以這已經是最接近完美的聯盟關係了。

一個人若喜歡尋求與人合作的機會，共同努力創造建設性的結果，對提升說服力有很大的幫助。

◇ 合作能促成自我說服

合作不是說服別人贊成你的立場，而是激勵別人來說服自己，亦即促使別人**自我說服**（self-persuasion）——套用研究人員的用語。

心理學家亞隆森（Elliot Aronson）關於自我說服的說法是：「你並不是直接嘗試說服任何人接受任何事，而是讓人們發現，說服自己相信某件事才是有利的。」[2] 如同亞隆森所說的，自我說服會特別有效是因爲「人們相信改變的動機來自內在」。[3] 事實沒有表面上聽起來那麼荒謬。在很多情況下，我們常常是先做某件事，然後再改變信念與態度來符合我們的行爲。

這就是社會心理學家多伊奇（Morton Deutsch）從一九五〇年代的研究所發現的。他和研究夥伴柯林斯（Mary

Collins）想要了解在國宅計劃中，社會互動在不同種族之間的實際運作情形。他們檢視兩種同樣有黑白住民的國宅，一種是黑白分開住不同棟建築，一種是黑白比鄰住在同棟建築。

這兩種安排方式提供完美的機會，讓兩人可以測試種族融合如何影響那個時代常見的偏見和刻板印象。鼓勵黑白融合可能激發種族緊張，促使白人住民更強化根深柢固的仇恨，但也可能彌合那段時期撕裂美國的裂痕。實驗結果會如何呢？

研究結果讓人驚訝：光是將不同種族的人拉在一起，最後就能改變他們對彼此的看法。但看法改變都是發生在行為的改變之後。多伊奇後來表示：「研究顯示，行為的改變先於態度的改變：混合國宅的白人女性通常會表現出不帶偏見的行為。」[4] 當黑人和白人比鄰而居，他們的相處就如一般鄰居，也和一般同社區的居民一樣會互助合作，那些白人因而能說服自己，他們以前的偏見完全錯誤。

美國人對於同性婚姻的態度也很類似，記憶中這是公共意見轉變最大的例子之一。遲至二〇〇四年，只有31%的美國人相信同性應可結婚。[5] 今天將近十分之七的人贊同。[6] 在二〇一五年最高法院的判決之後，同性婚姻已入法。[7] 短短十年多一點的時間裡，這項爭辯從完全無望變成大致底定。

要保護 LGBTQ（同性戀、雙性戀、跨性別、對性別／性向疑惑者）的權益還有很多工作要做。但無可否認，美國人在同性婚姻這項議題的大轉變是史無前例的。大眾對同性婚姻的看法為什麼在這麼短的時間內發生戲劇性的轉變？畢竟美國人

花了十年多一點的時間才對異族同婚改變看法。[8]

有些人歸諸世代轉變。依據這個理論，隨著較寬容的年輕一代成為較大的政治勢力，選民變得更能接受同性婚姻。這是部分原因，但無法完全解釋，畢竟，最高法院的法官都比較年長。事實是很多人在這個議題上的態度極快速地產生一百八十度的大轉彎。根據最近的一項調查，20％的美國人表示對同性戀的看法在過去幾年裡有了轉變。[9]

換句話說，美國人被說服了。我猜想不是因為報章專欄文章寫得多好，或有線衛星公共事務電視網（C-SPAN）上言簡意賅的專家談話節目讓他們重新思考自己的觀點。那類東西很少能讓人心跳加速或開啟新的思考方式。人們也不是受到同志遊行（pride parades）或政治廣告的影響，這些通常等於是向已皈依者宣教。

讓這麼多美國人轉而擁抱同性婚姻的是自我說服。他們明白了同性戀男女基本上和我們其他人並無不同——這有一部分是因為電視和電影對同性戀的描繪方式和以前不同。但依據我的猜測，更重要許多的原因是愈來愈多人在個人層次對 LGBTQ 人士有了深刻的認識。一九九〇年代，只有 20％多一點的美國人自稱有親近的朋友或家人是同性戀，今天已超過70％。[10]

這樣的轉變讓我們清楚看到，同性戀男女已經是我們的朋友、鄰居、同事、老師、子女。他們已經是「我們 VS 他們」裡的「我們」。就像多伊奇黑白混居住宅研究裡的白人婦女，

今日的美國人領悟到，LGBTQ 人士已經以社區成員的身分在和我們合作了。一旦這件事變得明顯易見，就會有非常多的人說服自己，他們過去關於同性婚姻的觀念根本大錯特錯。合作就是具有這麼大的力量。

合作不僅能打破藩籬，讓我們平等看待彼此，也會促使我們改變對一些基本議題的看法，效果更勝論辯、口號或行銷活動。

📦 百事可樂如何邀請聽眾站上世界最大的舞台

Mekanism 從創立一開始，設計廣告時的一個核心精神就是善用合作的說服力。最明顯的例子正是我們最大膽的一項廣告活動。那次的客戶是百事可樂（在廣告界這差不多就是最大的品牌了），活動內容是專為美國文化中最寶貴的媒體時段（超級盃中場表演）所設計的。

我們和百事可樂前行銷長羅登（Simon Lowden）見面後才有那次的機會。那時我剛從我們的舊金山總部調到紐約的辦公室，我做的第一件事就是找羅登。當時 Mekanism 和百事已有合作關係，因為先前做過一次活動——找歌手阿姆（Eminem）拍 Brisk 冰茶廣告。我們正在步步高升，但在廣告界的位階還很低，因此我從未見過羅登。我一定要讓這次的見面發揮最大的效果。

見面聊了一下子，我問起他在籌備中的最大廣告案和遭遇

的問題。他告訴我百事要贊助超級盃中場表演，還沒有真的找到點子，我的反應非常明確：「我們要試試。」

　　超級盃廣告仍是每家新廣告公司的夢想。這是一個品牌能夠同時觸及超過一億觀眾的少數機會之一。[11] 因此，只買三十秒的廣告時間平均就要花費五百萬美元以上，等於一秒超過十六萬八千美元，[12] 幾乎是一般美國人年收入的三倍。[13] 這還只是三十秒廣告的基本費，不包括要花一筆錢製作真得很棒的廣告放進去。

　　超級盃也是少數觀眾確實有興趣看廣告的活動，而且主要是在舊式的無線電視上收看。事實上對很多人而言，看廣告是收視的主要理由之一。但這對廣告公司可以是好事，也可以是詛咒。超級盃廣告的武器競賽已持續升級了太多年，愈來愈難做出真正原創的東西。但這正是為什麼我要求試試身手，我知道 Mekanism 的創意團隊可以做出原創的作品。

　　羅登對於我們能拿出什麼作品不是太有興趣，幾週後我們去參加比稿。那一年，人氣如日中天的碧昂絲（Beyoncé Knowles）是中場表演的壓軸。我們的構想是讓觀眾成為她華麗舞台秀的一部分。

　　在我們看來，超級盃鮮少以真正有意義的方式來讓觀眾參與。那裡僅供球場上的球員、中場表演、推銷產品的廣告主使用。觀眾被當做消極見證這一切的人，完全沒有參與任何一部分。但我們要設計一場活動，請粉絲以特定姿勢自拍，張貼在網路上。照片再以數位方式結合，創造出人物的綜合動態表

演，在碧昂絲上台前將之融入介紹開場的蒙太奇影片。

提交照片者的臉孔會和名人放在一起，如美國前職業賽車手高登（Jeff Gordon）和美式足球四分衛布魯斯（Drew Brees）。換句話說，觀眾將參與製作與演出中場表演，為碧昂絲揭開序幕──這是規模前所未見的創意合作。當我們將觀眾變成歷史性媒體活動的合作者，就能將他們拉攏到百事可樂這一國。（現在回想起來，這個構想不只一點點像 Kiss 軍團所使用的技巧。我在該樂團的公關活動裡扮演一個重要的角色，這件事更深化我對 Kiss 的忠誠。我變成不只是 Kiss 的愛好者，更是與 Kiss 有著個人獨特連結的一大群人之一。）

百事可樂很喜歡中場表演的開場構想，但有一個問題。一家規模大很多的公司（也是我們前東家）TBWA Chiat/Day 一直是百事的合作夥伴，他們願意採用這個點子，條件是由他們接手製作。若說優秀的 Chiat 是歷史較悠久的公司，根本太過輕描淡寫。蘋果一九八四年的廣告就是他們做的，那當然是超級盃最著名的廣告，可能也是有史以來最棒的電視廣告。

我說不行。我告訴羅登，如果百事要我們的構想，就必須從頭到尾由 Mekanism 包辦。這是一場賭博，但奏效了。百事請 Chiat 提出別的廣告構想，但在這個例子裡，他們提出的都贏不過我們的構想。僵持了一段時間後，我們終於拿到案子。

我們有八週的時間在世界最大的舞台上製作這獨一無二的活動。到了一月，我們收到超過十二萬份照片。因為一些具影響力的人士和社交媒體上非常活躍的名人協助推動，百事可樂

從這次整合性病毒活動（integrated viral campaign）得到的整體媒體曝光（media impressions）超過五十五億次。

但這項活動的重點不只是網頁瀏覽、按讚數和推文，而是利用合作的力量將人們拉進百事可樂的社群——從而能說服他們。下一次，當成千上萬提交照片的其中一人要決定喝可口可樂或百事可樂時，他很可能會站在百事這邊，因爲這個品牌讓人們有機會與史上最紅的流行歌手之一同框出現在全國電視。

我稱這種做法爲**參與行銷法**（involvement marketing）。目標是讓你的廣告受眾成爲活動的一部分，創造一個病毒迴圈（viral loop）——你向受眾行銷，受眾也幫你行銷。唯有當你不把人們當成受眾而是當成眞正的合作者來對待時，才可能創造出這樣的忠誠。

◇ 如何合作

如果合作能奠定成功說服的基礎，那麼任何人若想要培養具說服力的性格特質，最好學習歷史上最偉大合作者的習慣。

要求幫小忙：富蘭克林效應

請別人幫忙可以極有效地讓對方和你成爲同一國。我知道，聽起來似乎違反直覺。畢竟，當別人幫你忙，載你去機場或幫你在會議中保留一個位子，我們多數人都會覺得好像欠對方人情。是我們欠人家，不是別人欠我們。確實是如此，但這

裡面牽涉到的互動關係比我們通常體認到的更複雜。

當某人幫你一個忙，他便和你有了一次合作。在短暫的時間裡，他對於促成你的某件事情上扮演了一個角色。在很多情況下，這短暫的參與確實會讓人更加喜歡你。

仔細觀察你就會注意到這個原則隨處可見。你可能在附近的咖啡廳用筆電工作，請鄰座的陌生人在你上廁所時幫忙看一下電腦。你回來時，我敢說那人和你聊天的意願會比幫你忙之前高得多。在你累了一天回來時，幫你將小孩推車抬上樓梯的新鄰居也是一樣。

富蘭克林告訴我們這個讓人驚訝的互動關係。他在自傳中敘述三十出頭時被選為賓州州議會祕書的故事。當時他很輕鬆就得到這份工作，但隔年他要再次爭取那個職位時，一個和他敵對的議員發表強烈的演說，主張更換掉富蘭克林。富蘭克林最後保住了工作，但他可不想要和這位不知名的議員為敵。

富蘭克林出身勞工階級的家庭，甚至沒有讀完中學。這個新的敵人卻是既有錢又受過正規教育，可以想見這人很快就會在州政府掌握很多權力。富蘭克林決心得到他的支持，但不是「透過卑躬屈膝表達敬意來贏得他的好感」，而是反其道而行，拜託他幫一個忙。

富蘭克林這樣敘述：「我聽說他的圖書館有一些非常罕見珍貴的書，便寫了一封信給他，表達很希望能讀某一本書，拜託他借給我幾天。」議員同意了，對這個要求印象深刻。一週後富蘭克林將書歸還，另寫一封信表達最深的謝意。

下一次兩人見面時，議員眞的和他說話了——之前議員從未和他說過話。從那之後，每當富蘭克林有事請他幫忙，這位舊敵人都很樂意。兩人後來成爲終生的好友。

　　富蘭克林將這個策略歸諸於他聽過的一句「古諺」（我猜想這是他自己想出來的）：「曾經幫你的人會比受助於你的人更願意再次幫你。」[14] 現在這個原則被稱爲富蘭克林效應。富蘭克林只是向這人借書，便能將對方變成合作者。那位議員原本公開表現出對富蘭克林的敵意，卻轉變爲關心他的福祉。因爲他們是同一國的人。

　　這個事件之後將近三百年，一些研究顯示富蘭克林確實發現了一個重要的道理。二○一五年《社會心理學期刊》（*Journal of Social Psychology*）發表的一份研究顯示，當實驗參與者被陌生人求助，事後他會比較喜歡那位陌生人，並且覺得和他比較親近。有趣的是，如果參與者沒有被要求而主動幫助陌生人，就不會發生同樣的效果。[15]

　　因此你不需要不好意思請別人幫小忙。如果你上班時手機沒電，不要向親近的同事借充電器，試試求助你還不太認識的新同事。更好的做法是像富蘭克林一樣，也許你最近因爲工作上的爭議性決策和某人有過衝突，不妨試著向他求助。

　　我知道將某些事情當做合作聽起來有些奇怪，好比開會時將筆記借給某人，但那多少有那個意味。你可以不要把這類小事想成麻煩別人，而可以把握機會和不熟的人建立連結，將對方拉到你這一國。

徵詢意見

徵詢意見也可以得到類似的好處，仔細想想，這其實就只是請人幫忙的特殊狀況。這同樣違背我們的直覺：我們常會覺得徵詢意見會暴露自己的弱點或不安全感，但這樣看是不對的。當你徵詢某人的意見，你是在請對方貢獻對你很重要的東西。你是在請他參與你正在做的事，在短暫的時間裡考量你的利益。對方在分享他的想法時也就成了你的合作者。

加州大學聖地牙哥分校（University of California, San Diego）的專家進行了一項研究來證明這種傾向。他們請參與者看某虛構餐廳的敘述，然後以不同的方式對餐廳參與意見。有些人被要求表達看法，有些要表示期待，有些要提供建議。最後發現，提供建議的人最可能去該餐廳吃飯。[16]

研究人員解釋：「徵詢意見通常會產生親密效應，讓人覺得與該組織較親近，後續也就比較可能與該組織交易或互動。」[17] 反之，詢問期待則會產生恰恰相反的效果。

當情況需要時願意徵詢意見，可以有效拉攏別人站在你這一邊。不論你是和配偶、你的教授、辦公室的實習生或你的上司互動都是如此。當你不知如何做決定，且局外人的意見值得參考時，徵詢意見可以讓你更容易做選擇，同時又可讓對方產生好感。這麼做代表你願意暴露弱點，有助於與對方建立連結。

誠實地鼓勵別人

好的合作者會讓人喜歡和他討論新構想或試看進行中的作品。當有人來找我談某種新的做法或商業策略或只是初期的點子，我一定會讓他們離開時感覺受到鼓勵，即使我不喜歡對方提的點子。最重要的是，關於對方的構想好或不好，我不會不誠實。

首先你要真誠感謝這人一開始願意來找你。能成為別人徵詢意見的對象是很榮幸的，尤其在創意產業。廣告業講的是創意。當某人願意自暴弱點，分享他自己都不太確定的構想，我一定確保對方知道，他願意來找我讓我感到很榮幸。

當然，你提供的反饋一樣很重要。當某人向你徵詢意見時，如果他提出的概念是你真的很喜歡的，這時要鼓勵對方很容易，這是最佳狀況。這時你可以表達真誠的熱情。但同樣很重要的是，你要具體說出你喜歡這個構想的什麼地方，指出可能可以改善的地方，也許還可提供如何推動的構想。你要傳遞給對方的整體訊息是：「你提出的東西很有潛力。」

如果對方提出的點子完全不可行或還不到氣候，那就比較棘手了。這種情況下，我通常會先問對方究竟為什麼認為這個構想可行。如果你認為那個構想萬萬不可，假裝得很正向只會讓人覺得高高在上。如果實在不好，那就坦白說。有些點子真的很差。但即使是最糟的點子，通常也有值得稱讚的地方。

當某人告訴你他的點子，他是在邀請你當一個合作者，如

果你要發揮說服力，這個機會絕對不能浪費。

突破各自為政的思考方式

我們在 Mekanism 還強調另一個觀念，就是任何人都可以做出了不起的貢獻，不論任何工作內容、資歷或背景。好的合作者對這些個人區別比較沒興趣，更重視是否能把事情做好，創造有價值的成果。

在一九六〇年代之前，廣告公司會特別將人才分配在不同部門。文案負責寫文，美術人員負責意象等等。每個部門承擔定義狹窄的角色，就像工廠一樣。創意合作不僅不被鼓勵，根本是刻意被分隔開。在很多廣告公司，負責文案和圖像的人實際位在不同樓層，鮮少見面。讓不同技能的優秀人才交流合作可能創造出神奇的作品，但這個觀念當時還未成形。

到五〇年代末和六〇年代初，一家公司恆美廣告（Doyle Dane Bernbach）開始讓文案和藝術家兩兩一組。這似乎是微小的改變，卻開啓了特別的新氣象，做出了顛覆性的高明廣告作品，改寫廣告業的規則。最有名的例子是恆美廣告為福斯汽車設計的一系列廣告，包括著名的全版廣告，上面只有小小的福斯甲蟲車圖片，下面兩個字：「Think Small（小就是美）。」[18]

Mekanism 更把這個觀念發揚光大。我們的創意領導者為了打破組織內部藩籬，特別設計一套方法，讓很多工作一開始先熱烈討論，且討論的氣氛比較像在喜劇表演的編劇室，而不像是廣告公司，十幾個人在一個房間裡一連腦力激盪好幾個小

時。Mekanism 的創意領導者發現，如此往往能做出最好的作品。

我們採取這個方法的理由很簡單：我們最專業的創意工作之一是數位內容和品牌相關娛樂（branded entertainment）——這很容易變成共通的社會經驗。事實是文案室那種協力合作的熱鬧環境本身就是一種社會經驗，最能夠激發這類點子。這個過程中很少牽涉到自我意識。事實上，經過特別富生產力的腦力激盪後，誰想出什麼點子根本不重要，整個房間的人都是創作者。

公司裡任何人都可以自由提出構想。我是說真的，任何人都可以。如果某個助理、會計、程式工程師、實習生想到超棒的創意點子，公司不只歡迎而且期待他提出來。這種合作精神的實際表現有很多例子，其中我最喜歡的是 Mekanism 的標誌（logo）設計。你可能以為，我們既是創意廣告公司，公司的代表性形象——印在所有的名片、網頁、電郵、帽T上的那個東西——應該是找了焦點團體和字體專家，經過某種科學歷程的結果。事實上那是當時一個未支薪實習生畫出來的，他的名字是理查・克羅利維奇（Richard Krolewicz）。

大約十三年前理查擔任實習生時，他的位子就在門邊。當時 Mekanism 的辦公室沒有標誌，理查很多時間都要幫敲錯門的人開門，或追著找不到我們辦公室的 UPS 司機跑。到後來他厭煩了這些麻煩事，決定想個辦法。他畫一個簡單的標誌，以正楷大寫字寫「MEKANISM」，類似超級英雄漫畫封面的標

題。

　　到了我們要決定公司標誌時，Mekanism 確實雇用了一家品牌設計公司，他們設計出數十種讓我們選。但同仁已變得很喜歡理查的標誌，便把它也放入選項。在包商提出的所有標誌中，沒有一種比理查隨興畫的門牌更棒。公司標誌出自實習生之手無所謂，甚至還是純粹出於需要而倉促畫出的，這也沒關係。那是最好的，簡單又中肯，所以我們就用了。過程中公司讓一個實習生看到，他是團隊不可或缺的一員。在廣告界，創意人才總是經常跳來跳去，理查至今還在 Mekanism，這絕非偶然。

　　形式上的差異可能會阻礙人們同心協力做出了不起的作品，要成為善於與人合作的人，通常必須能超越這些差異，看得更遠。

人類很自然會從「我們 VS 他們」的角度看世界，這可能會構成讓人難以發揮說服力的最大阻礙，但也可以是說服大師的一大優勢。因為在很多情況下，我們很容易就會喜歡在某種意義上被我們視為同一團體的人（亦即同一國的人），也很容易贊同他的意見。

如果你能培養與人合作的技巧，習慣性尋找機會讓別人參與你正在做的事，時機到來時你將比較能發揮影響力。

四種特別有效的合作技巧很值得讀者參考：

1. 請別人幫小忙。

2. 徵詢意見。

3. 誠實地鼓勵別人。

4. 突破各自為政的思考方式。

成為更好的合作者這件事本身當然就很有價值，可促成更有意義的關係，開啟原本難以發揮的創意潛能。但這也是一種很強大的個人特質，有助於拉攏別人，讓別人更容易認為你和他有基本上的相似處。

不論你要說服的人是你的伴侶、老闆或鄰居，這都不重要，只要對方已經認為你是他的合作者，基本上你的影響力就會大很多。可見合作非常必要。

第九章

找出共通點

嘻哈音樂讓一個世代有一個共通點，

黑人或白人都不需要失去任何東西，

這是雙贏的局面。

──美國饒舌歌手傑斯（Jay-Z）

我們美國人花很多時間把注意力放在彼此的差異上，許多國是對話似乎都建立在一個假定上：每個族群之間存在極大的差異，不論是受過大學教育的都市居民、第一代移民或每個人最喜歡討論的一群人：千禧世代。

我花很多時間研究市場資料，這類資料就是將人區分成這些類別。這種分類有時很有用，但從這樣的角度思考也常會讓我們忽略一個很明顯的事實——人類具有驚人的相似性，彼此的差異比我們以爲的小很多。

你可以這樣想：我們每個人都和地球上的其他每個人有99.9％相同的 DNA。[1] 從基因的角度來看，我們幾乎完全一樣。但我們花很多時間和心力聚焦在讓我們不一樣的那0.1％。

在人類歷史上，這麼大群人這麼長時間對這麼多事物懷有共識很難能可貴，更不必提我們都想要一個可以安全生活、工作、上學、經營事業和家庭的國家。

我們很容易忽略共通的人性，主要是因爲我們眞的很善於搞分裂。但你若要培養具說服力的性格，一定要養成習慣去注意那些讓我們每個人可以團結起來的地方，而不是凸顯彼此的差異。

這樣的性格才能讓你成爲容易親近、善於理解、能夠平等與每個人談話的人，不論對方是什麼背景、社會地位、財富、年齡、性別或其他任何條件。當你自然地將別人看成團隊的一員，別人會感受得到，也就願意以同樣的態度看待你。

◇ 打破藩籬的益處

我幾乎和任何人說話都可以很自在。這和守時不同，這是我從小就自然具備的能力。

我父親常喜歡敘述一件事：我八歲時的一個晚上，爸媽正要將晚餐端上桌，照例叫喚樓上的我和姊姊下去吃飯。姊姊史黛西一如往常先下去，但我不知跑到哪裡去了。爸媽生氣地喊我的名字喊了幾次後，爸爸上樓叫我滾下去吃飯。這時他才發現我不在房間裡，我甚至不在屋子裡。

他跑到後院查看，聽到我的聲音從隔壁院子傳來。他探頭隔著籬笆看，發現我在隔壁的後陽台，正和鄰居吉爾（三十多歲）聊足球。我們已經聊了一會兒了。我看到父親，若無其事地說：「嗨，爸！你在找我嗎？抱歉，我剛剛和吉爾聊到噴射機隊今年的表現有多爛。」

我不記得細節了，但確實記得父親有些困惑，一個八歲的孩子怎麼會與大人進行深入的對話。當時我並不覺得奇怪，根本也沒有注意到年齡的差距。我沒有把他看成大人，他和我說話時也沒把我當小孩，我們平等對待彼此，把注意力放在兩人共通的地方，而不是彼此的差異——好比他大我三十歲。這不是什麼石破天驚的故事，但是個很好的例子，說明當我們將彼此的差異擺到一邊，聚焦在共同的興趣上，就可以發生很美好的事。

看看過去四十年嘻哈樂的發展就知道了。這種藝術形式在

一九七〇年代發源於南布朗克斯，DJ 赫克（Kool Herc）住在塞奇威克大道（Sedgwick Avenue）的公寓，在家裡娛樂室辦派對時想到要扭轉唱片。[2] 其他的 DJ 如傑伊（Jazzy Jay）和閃耀大師（Grandmaster Flash）也跟著採取這種風格。短短幾年，融合打擊樂歇段（isolated percussion breaks）、饒舌和其他元素（如霹靂舞）而成的嘻哈樂在美國變成鮮明的非裔美國文化。

沒多久其他種族的藝術家也開始擁抱嘻哈，融入自己的音樂。一九八〇年代中，一群來自紐約的猶太孩子——野獸男孩（Beastie Boys）——由皇后區的黑人企業家西蒙斯（Russell Simmons）和長島的白人魯賓（Rick Rubin）擔任製作人，將嘻哈和龐克搖滾的元素結合起來。[3] 每個地方的郊區孩子都能朗朗上口：「你媽闖進來問『那是什麼噪音？』喔，媽，那是野獸男孩，妳只是忌妒吧！」同樣那十年裡，史上最著名的嘻哈團體 Run-DMC 和古典藍調硬搖滾樂團史密斯飛船（Aerosmith）合作。[4]

嘻哈不只在美國超越種族，也很快在全球流行。今天，從法國、俄羅斯到南韓、斯里蘭卡，到處都有人唱嘻哈。[5] 就像傑斯說的，「嘻哈讓一個世代有一個共通點，黑人或白人都不需要失去任何東西，這是雙贏的局面。」[6] 但如果不是因為不同背景、種族、國籍的人能超越彼此的差異，在彼此的文化中看到大家都能共享和欣賞的特質，就不可能做到這一點。從南布朗克斯一間公寓開始的藝術形式現在已成為最風行的音樂

類型。

並不是每個人都能輕易和他們認為大不相同的人互動。很多人覺得很難與職場上較高層級或來自不同國家或文化的人談話。有些人只能和親近的朋友深入談話，碰到其他人都很困難。如果和你說話的人一開始就能感受到你很難平等對待他，你就不太可能影響他。

當然，有些練習你自然就會，有些則需要花點心力。我一向很善於和別人談話，但說故事就真的需要努力，同時也持續在學習專注於當下。這些事情對我一點都不容易。

要成為更可親、更善於與各種人談話的人，首先要培養一種強調人類共通點的心態，並一貫採取這個心態。這表示你要體認，我們在最重要的價值上其實都很相似。

◇ 社會認同

要發揮說服力，很大部分取決於對方是否在某種意義上認為你和他同一國。換個方式說，要看你和你的聽眾是否擁有心理學家所謂相同的「社會認同」（Social Identity）──一個人的自我形象當中依據其所屬團體來界定的那個部分。

這可以從幾個理由來解釋。如同亞利桑那大學（University of Arizona）的傳播研究者喬伊斯（Nick Joyce）和海伍德（Jake Harwood）所指出的：「與我們共有重要社會認同的人較可能與我們抱持相同的觀點，知道對我們有用的資訊。」不僅如

此，「如果你和我構成『我們』，這就表示我們有同樣的利益，因此你比較不可能提供不可靠或假的資訊給我。基於這些理由……具有共同的社會認同與說服力直接相關。」[7]

所幸只要我們有心尋找，幾乎有無窮的方式可以找到共同的社會認同。共同的社會認同可以建立在任何東西上，包括共同的語言、嗜好、年齡、來自相同的城市或州，視情況而定。如果你的心態很重視共通點，與人互動時比較可能凸顯個人層次的這些相似處。

這正是我在早熟的八歲那年和鄰居聊天時所發生的事。至少在對話時，我是以球迷的身分和他聊，而不是掛著鼻涕的小孩，他也是把我當球迷看。他並沒有忘記我是小孩，但這部分的身分特質已淡化到背景裡（直到父親大聲喊我回去吃晚餐）。

一次大戰時的一則著名故事——所謂的聖誕夜或聖誕節休戰，很可以說明這種互動關係。你若是在電影或書裡看到這類事件，一定會以為完全是想像出來的。但那是真實發生的事，也因此更凸顯出人性的共通點非常強大。

一九一四年多天，法國、比利時和英國的軍隊躲在西部戰線的壕溝裡打了四個月的仗之後，敵對的德軍卻在某一天停止互相廝殺，一起慶祝聖誕節。根據一些說法，這個奇特的事件真的發生在聖誕夜，一開始是因為一方聽到對方在唱聖誕歌。一位英國士兵後來回憶：

德軍唱他們的聖誕歌，我們唱我們的，到後來我們一唱起

《齊來宗主信徒》，德軍立刻加入合唱同樣的曲調，只是唱的是拉丁文。我心想，這真是太奇妙了——兩個國家打仗打到一半竟合唱起同一首聖誕歌。[8]

隔天聖誕節早上，兩方士兵鼓起勇氣做了一件不可思議的事：爬出壕溝，向敵軍打招呼，祝賀聖誕快樂。很快地他們聊了起來，甚至交換禮物，互相協助掩埋戰死者，根據某些敘述，還用自製的足球踢起來。[9]

別忘了，這是人類史上最殘酷的戰爭之一。短暫的聖誕休兵之後不久，這些士兵再次竭盡所能互相廝殺，這場戰爭最終導致二千萬人喪命，另有二千一百萬軍民受傷。[10] 但即使在這樣極端的情況下，聖誕歌這麼簡單的東西就足以讓這些士兵暫時轉換觀點，看到彼此並不是死敵，而是同樣的凡人，寧可在家裡慶祝假期而不是在壕溝裡為生命奮戰。如果在世界大戰正酣時也能發生這種事，在我們的日常互動中肯定也可以。

當然，要接納重視相似性甚於差異性的觀點並不容易。如同紐約州立大學紐柏茲分校（State University of New York, New Paltz）的社會學家考夫曼（Peter Kaufman）所說的，理由之一是，「我們被社會化成為專注在彼此的差異遠甚於共通點上。」但他認為我們的差異主要是社會建構的產物。[11]

考夫曼想要改變這個事實，邀請學生參與相似性計畫（Similarities Project）。他從幾年前開始，邀請一群大學生和小學三年級一個班級的學生見面。多數人不會預期這兩個群體有很多共通點，想想你從八歲到二十歲有多大改變就知道

了。對我們多數人而言，這是我們從童年走向成年改變最多的十年。

但當他將這兩個群體聚在一起，請他們列出共通點，他們不到一小時就能找出超過四十個相似處。[12] 內容廣泛，包括「我們都有腦子」、「都喜歡玩遊戲」、「都會難過」、「都需要愛」等等。

我們很容易認為這些共通點很浮面，但這些其實比我們平常注意到的差異要基本得多，好比出生地、喜歡的音樂類型、支持的球隊。如同考夫曼說的：「這些差異沒有任何地方是固有的、天生的、基本的。這些是我們人類自己界定、創造、強調，最後為之互相爭鬥或壓迫的東西。」反之，我們的相似處更能顯示出我們的基本特質。[13]

正如我們學會以彼此的差異來界定自己，我們也可以學習在彼此身上看到共通點，只要我們願意。

◇ 小蝦米如何利用共通點打敗大鯨魚

要明白專注去看共通點是多麼強大的說服工具，我們且看看近年來我最喜歡的一則行銷成功故事，電商巨擘「一美元刮鬍刀俱樂部」（Dollar Shave Club）的崛起。這家公司是二○一二年由杜賓（Michael Dubin）創立的，原本是網路訂閱服務，每月提供顧客低價的刮鬍刀片。之後成長為非常成功的品牌，被聯合利華（Unilever）以十億美元高價收購。[14]

杜賓創立公司時，在刮鬍刀產業的經驗是零。他會走上這條道路是因爲他在二〇〇〇年代初的一項體悟。那時他剛從大學畢業，到美國國家廣播公司（NBC）當見習生，每次去洛克菲勒中心（Rockefeller Center）的連鎖藥房杜安雷德（Duane Reade）買吉列鋒速3的新刀片都極度不滿。他回想：「即使我刀片用完了，我也不願意去店裡買，因爲那是很讓人挫折又不舒服的經驗。」你只要去本地的連鎖藥局就很容易明白那種感覺。主要是因爲價格貴得離譜，四片包可以要價二十美元以上。

　　這麼貴其實只有一個理由。

　　美國的刮鬍刀市場幾乎被寶鹼（Proctor & Gamble）旗下的吉列壟斷，直到不久前才改變。就像任何卡特爾（Cartel，壟斷利益集團）一樣，該公司可以維持高價是因爲他有能力這麼做。如果你不喜歡，儘管讓鬍子留長（布魯克林很多人就是這麼做）。

　　當然，寶鹼會拿出研發和專利科技來試著合理化他們的誇張高價。他們的廣告似乎暗示，吉列最新刮鬍刀的旋轉手把和多重刀片是現代工程的顚峰之作。多數電視廣告以 CGI 動畫呈現，看似顯露最新的高價拋棄式刀片背後有高明的科學根據，每一項產品都保證可以比上一種刮得更乾淨。通常是由一個男性化的旁白聲音讀出文案，說明第六種刀片多麼具革命性。

　　瑞士男子職業網球運動員費德勒（Roger Federer）拍的吉列廣告尤其難以理解。有一則廣告是這個網球明星上球場

前光著上身刮鬍子，旁白道：「比賽時不能有一絲閃失。」然後推銷「限定版」的吉列——隱鋒無感刮鬍刀（Fusion ProGlide）。你知道，那是要賣給刮鬍刀收藏家的。

直到二〇一〇年，杜賓發現這些產品的高昂價格並不是不可動搖的事實。在一次假期派對，他和朋友未婚妻的父親拉文（Mark Levine）聊天。話題不知怎麼談到刮鬍子，兩人對於一包刀片這麼貴都覺得很糟糕。機緣巧合，拉文幾年前買了一整個倉庫的雙刀片。他原本計畫賣給藥房，但後來沒賣成。杜賓立刻看到機會，這可以解決多數男人視為理所當然的日常問題。

杜賓著手創立一個以所有男性的共通經驗為基礎的品牌。他將消費者放在公司使命的最重要地位，而不是次要考量。他沒有把刮鬍刀描寫成在極機密實驗室設計出來的高科技神奇產品，而是每個人都心知肚明的東西，不應該太貴的基本必需品。他不會把產品鎖在盒子裡，放在日光燈照明的無趣藥房販賣，而是每個月送到訂購戶門口，他們根本完全不用操心。他的公司沒有表現得像沒有臉孔的大企業，而是把握每個機會和顧客建立人際關係。

他為了向世人介紹他的產品，把影片放到 YouTube 上，至今那仍被視為有史以來最棒的病毒行銷片之一。影片一開始，杜賓直視鏡頭，自我介紹：「我是麥可，一美元刮鬍刀俱樂部的創辦人。什麼是一美元刮鬍刀俱樂部？你只要每個月花一美元，我們就將高品質的刮鬍刀片送到你家門口。沒錯！一美

元！我們的刀片品質好嗎？不是好，是超棒。」

這則廣告的一項特色是非常好玩。就像很多成功的喜劇表演，該影片建立在簡單的日常事實——刮鬍刀片不應該那麼貴。杜賓解釋給我聽：「我們提供人們一種社會資產，可以和朋友分享大家都在議論的這種生活上非常挫折的事實。」

但最重要的是，廣告把顧客當做與杜賓本人沒有兩樣的人對待，從而打破了買方與賣方的藩籬。如同他在影片中說的：「你喜歡一個月花二十美元買有品牌的刀片嗎？其中十九美元都給了費德勒。」裡面蘊含清楚強大的訊息：費德勒是高不可攀的運動之神，可能一輩子沒有寫過履歷表。杜賓則和你我沒有兩樣，而他願意去了解所有的人忍受了多年的日常問題。

這種在個人層次直接對顧客說話的神奇能力，讓一美元刮鬍刀俱樂部真正威脅到企業對手。寶鹼會推出自己的訂購服務並非偶然，還乾脆複製一美元刮鬍刀俱樂部的名稱，就叫做吉列刮鬍刀俱樂部，想利用杜賓的成功經驗獲利。

不過幾年之前，寶鹼幾乎完全壟斷這個市場，杜賓卻透過一美元刮鬍刀俱樂部讓地球上規模最大、最強勁的企業之一陷入苦戰。他能做到這一點，是因為他直視顧客的眼睛，讓顧客看到他就和他們一樣。

◇ 掌控奈克方塊

從強調我們之間的差異轉變為強調共通性的觀點，有點

類似以前每個人都會在教科書上畫的平面奈克方塊（Necker cube）。

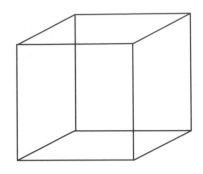

從一個角度看，左下方的方形會在前面。但從另一個角度看，方形就會落到後面。從兩個角度看都可以，但你不可能同時看到兩種樣子。最重要的，一旦你體認到有兩種方法可以看，就能任意在兩種觀點之間自由轉換。圖像本身並沒有任何改變，甚至在你還沒有購買本書前，它老早就印在上面了，改變的是你如何解讀眼前的東西。

你看別人也是一樣。你可以看到他們有許多與你不同的特質和身分，例如性別、語言、職業等等的不同；但你也可以看到許多和你共通的地方，有時候甚至是普遍的人性共通點（好比「我們都需要愛」）。

這會成為你完全能掌控的能力。

以前述的方塊為例，你第一次看到時，可能自然偏好其中

一種角度（左邊方形在前或在後），要經過思考之後才能轉為另一種觀點。你看待別人也是如此。有些人第一次看別人是從「不同」的角度，雖則稍微努力後就能轉變為「相似」的角度。你的理想目標應該是翻轉這個傾向，讓你看到別人時，不假思索的第一印象是明顯看到你們的共通點，要真正認真看才會看到差異之處。

很重要的一點是，當你要和一個你認為比自己更優越的人談話時，這個觀點很有助於克服焦慮。當我們和一個心儀的俊男美女談話或應徵很喜歡的工作時都不免會緊張，緊張就會不自在，可能還會有點張口結舌。說話結結巴巴當然很難有說服力。一個人若是善於看到別人與自己並無不同，緊張的程度會降低很多。

同樣的道理，當你習慣性強調共通點，有助於降低別人與你開始談話時的焦慮感。以我為例，如果有人要走進我的辦公室時會感到緊張，通常也不會焦慮太久，因為他很快就會意識到我是以平等態度對待他的，和我談話與他和鄰座的同事談話沒有太大的不同。

如果你的個性能讓人感到自在，很容易敞開心懷，一定會讓你和別人更容易找到彼此的共通點。這種講求共通點的心態也有助於將談話導引到兩人共通的話題、價值觀、經驗及其他個人生活細節，通常不需要費力就能找到話題。這時候對方就會明顯感受到你們是同一國的，不論你的談話對象是誰。

🔲 如何找到共通點

選擇看相似處

　　要採取著重共通點的心態，第一步是選擇看到別人基本上和你是相似的。記住，你可以任意來回選擇從不同的角度觀看奈克方塊，但前提是你決定要這麼做。我們看待他人也是如此。如果你很容易看見彼此的差異，你要決定對抗這個傾向。

　　也許你和孩子學校的另一位家長有歧見，心想：「那個傢伙不知道他在說什麼。」或者你的一個同事對於你正在做的案子有不同的意見，你的反應是：「那個女人全部都搞錯了。」我們本能會認為與我們有歧見的人和我們不同，以「那個人」或「那些人」來解讀，而且是不假思索的。

　　要去除這種思考模式有點類似改掉習慣性會犯的文法錯誤。你要學習敏銳地覺察自己何時採取這種著重差異的心態，移動一下奈克方塊。

練習看見共同的特質

　　如果你希望自己更善於看見相似性而非彼此的差異，就得多加練習。一個簡單的方法是仿效前述的相似性計畫，依循考夫曼和那些大學生及小三生所做的事。

　　先想一個在你的生命中被你認為和你大不相同的人。可以是你的表親、學校的人、嫂嫂、牙醫——任何人都可以，但必

須是你認為明顯和你不相似的人。然後在心裡列出你們共通的地方，仔細看看，你通常會很驚訝你們的共通點竟然那麼多，而你以前竟從來都沒注意到！好比你們可能都從事熱愛的工作，或最喜歡的城市同樣是柏林。我敢打賭，下次你再看見那個人時，在你眼中那些共同的特質會明顯許多。

我大半輩子都認為我和父親在興趣方面極不相同，也因此我們錯失了很多相聚的寶貴時間。但我其實大可以專注去看我們的相似處，好比他也很愛音樂。事實上，他最近寫了一本談一九二〇年代爵士樂手的小說，實現他的退休計畫之一（這表示我們兩人都是作家，這又是另一項相似處）。

一旦你開始積極去觀察你自以為不同於你的人，就會注意到很多共同的特質一直顯現在你眼前。經常練習這麼做，練習的對象夠多，這個心理習慣就會愈鑿愈深，直到看見共通點變成你的第二天性。

找出共通點

在說服性的互動中，找出共通點很寶貴。事實上，找出共同的信念應該是最重要的。當你看到你與別人的討論朝向衝突發展，強調共通點很有助於對抗你自己的偏頗之處，同時也較有利於說服對方。

當你指出這些共通點，凸顯其重要性，你不只是在改變自己的心態，也讓對方清楚知道，基本上你們對於應該怎麼做

是有共識的，只是在爭論細節而已。這時候，對話不再是贏家通拿的宿敵對戰，而是如何達到你們兩人都認為很有價值的目標，這便讓你很有機會影響對方對這件事的看法。

人類的相似處遠多於相異處，我們只是不太會記住這一點。

強調人類相似處的心態讓你不論和誰談話都能找到共通點，讓對方感覺你已經站在他那一邊。善於看到相似處的人也比較容易理解不同背景、經驗、年齡、資歷的人。

只要你願意努力，採取講求共通點的心態並不難。首先要運用下列技巧：

1. 選擇看到相似性。

2. 練習看到共通的特質。

3. 明確指出共通點。

如果你的預設立場是看到別人或多或少和自己相似，在拉攏別人和你站在同一邊時很有幫助。

畢竟我們只有 0.1% 的差異。

▍原則 3「同理心」的省思

　　深度的說服，通常就是要和意見不同的人溝通。要有效做到這一點，你必須能從不同的角度評估情況，了解人們為什麼抱持和你不同的觀點。也就是說，你必須展現同理心。

　　有三種重要的習慣能培養這種富同理心的性格，讓你更能說服別人。

　　把重點放在對方身上：真正富同理心的人會自然對周遭的人產生好奇心，嘗試開啟深刻的對話，話題能讓對方感到切題而有意義。富同理心的人也會找機會認識不同的文化與生活方式，以便更深入了解他人。此外，他花在聆聽和學習的時間會遠多於評斷。因此，當他要發揮影響力時，會因為對別人的世界觀能有極細膩和準確的了解而有所依據。

　　尋找合作的機會：富同理心的人會熱切要和別人合作達成共同的目標，不論是在職場、社會、家庭或朋友之間。他明白，和不同背景與專業的人合作很有價值。因此，別人也比較可能將他視為團隊的一員——這一點比其他任何因素更有助於讓人改變心意。

看見共通點，而不是差異性：最後，我所說的這種同理心需要具備強調共通人性的心態。人與人的相似性遠大於差異性。如果我們太強調種族、性別、財富、學歷、同質團體（affinity group）的差異，就是在促成共通點的流失，離間人與人的關係，讓你更難說服別人。

如果你和每個人接觸時都以平等心看待，會讓人覺得你更可親，如此一來，你不論碰到哪一種人，幾乎都可以談得上話，也會鼓勵別人以同樣的態度對你，讓你更有機會說服對方。

了解別人，別人也會了解你。

原則

4

深度

所謂深度是指一個人關切的不只是金錢、享樂、地位、身分等日常俗務，還會與更基本的價值產生情感的連結。

堅持個人的價值和原則才會有深度。

我在事業經營上的一大重點是讓我的努力更有深度——忠於某種永恆和普遍性的價值。Mekanism 以推動「有深度的說故事藝術」為豪。我們的故事不僅展現高超的技藝，更細膩反映我們每個人內心深處最重視的價值。

如果你對生命的熱情源自比眼前的務實考量更崇高的理由，自然能發揮影響力。

第十章

琢磨技能很重要

你可能不靠馬達飛行，

但不能沒有知識和技能。

——萊特（Wilbur Wright）

最強大的說服力源自好的品格。當你努力培養某種個人特質和技能，別人自然會注意到。

前面探討過的一些習慣和性格——包括尊重、正向、慷慨，主要與人際互動有關；但你的性格不只顯現在待人處事的方式，也會明顯表現在你面對工作和興趣的態度上。

我所說的工作不只是別人花錢雇用你做的事，雖則這當然也包含在內。我指的是更廣泛的事：包括你投入的任何事情或計畫，不論是什麼內容。舉凡煮一頓飯、規劃旅程、學習樂器、完成辦公室的工作都包含在內。

你的居家烹飪手藝或拉小提琴的技巧和說服力有什麼關係？如果說服的關鍵在於性格特質，而工作態度可以凸顯你的性格，那關係就很大了。這個邏輯不難理解。一個人若是習慣性走捷徑，多數事情都只求「夠好」，這人永遠不會有多大的影響力。事實上碰到這樣的人，一般人的反應會是：「誰在乎他怎麼想？」

你可以想想專業運動員、知名主廚、音樂家或其他展現高度技能的菁英。這類人不只能發揮影響力，而且影響的範圍遠超乎自身的專業領域。當他們表達政治意見，可以成為全國新聞。當他們推薦一本書、贊助一雙球鞋或抵制某個品牌，就足以左右市場。他們能贏得這樣的影響力，是因為展現出在艱難事情上表現出卓越成績所需具備的專注和認真。這便是波諾（Bono）能夠和達賴喇嘛結交、小勞勃道尼能夠晉見英國女王的原因。

奇特的是，這些成就非凡的人所具備的說服力，與我們對他們本人的認識不太有關係。通常我們沒辦法判斷這些人有多了解情況，或判斷力有多好，或多誠實。他們的影響力源自認真培養技能的態度。

所幸培養這種說服力並不需要具備某種世界級水準的技能，只需要你在追求任何事情或計畫時抱持認真、嚴謹、追求專業的態度。換句話說，你必須在乎是否把事情做對做好，而不只是盡可能快速、低成本、有效率地做完。我稱之為「琢磨技能」的態度。當你採取琢磨技能的敬業態度——避免選擇低成本的暫時性解決方案或速成方便的捷徑——到後來你就會展現出具備影響力的那種性格。

◇ 有技能的人較具說服力

當一個人做事情展現一定程度的精熟或力求精熟，通常會從各種小地方流露出來。你不必是專家，多半也可以看出一個人是否有技能。舉例來說，你光是看一個人站在山頂的樣子，甚至滑雪杖還沒有推出去，就可以看出他是不是高明的滑雪者。我對舞蹈不內行，但可以看出一個人是不是了不起的舞者。當我們說某人「看起來很內行」，就是這個意思。同樣的道理，我們多數人都可以本能看出某人是否做事虛應故事或唬爛自己很懂其實根本不懂。

我們對某人的能力和認真程度的這些評量，也會影響我們

對這個人的評價。此所以當我們催促某人表現出最大的能耐，常會說：「讓我看看你的眞本事。」一個人在展現技能時，就是在顯露他的眞實心性。

不僅如此，一個人若被認爲在某個領域很有能力，受過很好的訓練，就會散發出整體的權威感。一個人若習慣性投入時間專注把事情做得很專業，別人會比較信賴他，也會更重視他的意見。此所以在我這一行，找名人贊助是歷久不衰的做法。當詹皇（LeBron James）或賈斯汀（Justin Timberlake）或泰勒絲（Taylor Swift）贊助一項產品，影響力非同小可，對大眾的行爲具有相當大的左右能力。此所以「你我都有責任」活動在名人臉孔的加持下，較可能改變人們對大學校園強暴文化的看法。也因此百事可樂設計了以碧昂絲爲主的活動，以及喬登都十六年沒有打球了，還能賣球鞋。技能永遠不退流行。

名人贊助的威力有許多前例可證。舉例來說，哈佛商學院的埃爾伯斯（Anita Elberse）和巴克萊資本公司（Barclays Capital）的韋倫（Jeroen Verleun）最近做了一項研究，發現找運動員贊助能讓品牌銷售成績平均推升 4％。當運動員在重要比賽創下佳績，通常便能讓他贊助的產品賣得更好。[1]

爲什麼會有效？當然，一部分是因爲名人是大家熟悉的臉孔。但也因爲這些人在那個領域是頂尖的，在工作中展現無可匹敵的卓越技能。正因他們爲自己樹立那麼高的標準，表達意見時才會更有份量——讓其他人有很好的理由跟隨他們的帶領。

多數站在事業巔峰的名人不只能賺大錢，也會投注心力在其他更有意義的事情上。如果你不認為把工作做到很好這件事本身很有價值，就決不會投入時間成為優異的運動員、演員或廚師，畢竟還有更簡單安全的方法可以致富。這表示他們深信某種深刻恆久的價值——亦即我所謂的**深度**——而這種具磁吸力的特質會大幅提升他們的說服力。

好比最近有一項調查，請美國人說出在這個國家裡他最信任的人，名列前茅的包括演員湯姆・漢克斯（Tom Hanks）。仔細想想，這相當奇怪。多數人從未見過漢克斯，且永遠不會見到。不僅如此，他們也沒有真正的證據證明……好比漢克斯思想清晰，是可靠的資訊來源，或甚至是立意良善的人。說不定他還是個強迫性說謊的人呢！

人們對漢克斯的信心並不是建立在任何理性基礎上，而是源自一件事——漢克斯是非常優異的演員。[2] 他也許拍過幾部爛電影，將來可能也會再拍幾部。但他鮮少（或從未）讓我們看到低劣的表演，或只是虛應故事，或唬爛騙人。他在工作上表現出超凡的能力和認真。

名單上前十位名人也是如此——包括演員梅莉・史翠普（Meryl Streep）和作家安傑洛（Maya Angelou）。她們同樣努力成為專業領域中的佼佼者，而這個技能便轉化成為影響力。

或者只要看看前世界西洋棋冠軍卡斯帕洛夫（Garry Kasparov）最近的事業轉型。他在四十出頭時已穩坐冠軍寶座

二十年，這時從棋壇退休，成為全球倡導人權、言論自由、民主的最有力聲音——也是普丁最強勁的對手。他甚至在二〇〇七年出馬競選俄羅斯總統，而這個人大半輩子都在研究棋局。

他在西洋棋領域的了不起之處只有其他棋壇大師能真正欣賞。但對其他所有人而言，他能透過多年的努力精通這麼困難複雜的東西，透露出他的性格有很了不起的地方。人們願意聽他說話，願意專注聆聽。

同樣的道理，二〇一六年，當美式足球員卡佩尼克（Colin Kaepernick）堅持在聽國歌時單腳屈膝，提升大家對美國種族不平等的重視，果然成功刺激大家就警察暴力、刑事司法改革等方面進行對話。如果他在專業領域沒有做到世界頂尖，很少人會在乎他是否參與這麼微小的反暴力抗議行為。正因為他非常厲害，能夠進入那麼高層次的比賽，才讓他的行為和信念舉足輕重。結果，他的抗議成了幾乎全美皆知的國家事件。

還有另一種類似的情況，我願意相信《紐約時報》或《華爾街日報》上的報導，甚於從部落客或推特專家聽來的，原因是我知道這些報社的記者認為把工作做好很重要。他們花很多年的時間培養技能，追蹤可信的來源，清楚準確地報導事實，鍛鍊他們的判斷力，以流暢精確的文字撰寫。如果這些刊物告訴我某個主題或事件值得了解，我會給予更多注意。

我們多數人永遠不會成為詹皇、湯姆·漢克斯或歌手愛黛兒。但這類人物的超凡影響力證明了工作敬業和說服力之間的關聯。我們多數人永遠不會到 NBA 打球或贏得奧斯卡獎，但

並不因此就表示我們無法在專業領域展現某種程度的優異能力和認真。

當你花時間精益求精，不斷努力追求進步，別人會看在眼裡。多數情況下，那種明確展現的能力會讓別人更願意信賴你，將你的觀點聽進心裡。

這就是我所謂琢磨技能的態度：**在工作上努力提升能力和追求進步**。

遺憾的是，琢磨技能這整個概念，恰恰是今日許多最盛行的工作態度最不推崇的。只要看看生活駭客哲學（life-hacking）的崛起就知道了。這套哲學主張找尋高效率的捷徑，花最小的力氣提升生產力。到處都可以看到有人提供建議，教人如何刪減不必要的工作以追求最高的效率。好比使用預先寫好的電郵樣本來快速處理郵件，或吃早餐時邊聽有聲書，或採取更快速的方法摺衣服。毫無疑問，有些方法可能真的很有用。

有時候，盡量減少花在單調工作的時間，就能挪出心力從事更有意義、更需要技能的事。

好比我的好友費里斯（Tim Ferriss）就很善於提升效率，讓生活更充實。我主張要抱持琢磨技能的心態，他其實就是最佳典範。在我認識的人當中，費里斯最善於將複雜的技能分解，因而能快速深刻地精通該技能——不論是烹飪、學外語、舞蹈或武術散打。[3] 他總是在琢磨技能，他的見解和成就一直帶給我很大的鼓舞。

生活駭客哲學就不一樣了。「駭客」 一詞源自科技界，一種定義是：「以不優雅的方法解決問題的人。按照這個意思，駭客可以完成工作，但做法沒有效率、不夠完美或甚至很拙劣。」[4] 駭客哲學也許短時間是有利的，甚至可以在你遭遇麻煩時救你一命，但我不認為這是好的生活方式。

推及極端，這套哲學背後的整個概念認為，你應該盡可能高效率地運用活著的每一秒。我們不是工蜂，而是有熱情、有價值、有目的和靈魂的人。以效率或生產力這種冰冷機械的東西取代意義的來源就是缺乏人性的溫度。你願意信任怎樣的人：一個總是尋找高效捷徑的人，或一個必要時不介意多投入一些心力的人？

在光譜的另一端，有很多商業顧問大師會告訴你，如果你要讓新創事業起飛，唯一的祕訣是盡可能投入時間認真工作——要能吃得苦中苦。這很類似葛拉威爾（Malcolm Gladwell）所說的十萬小時規則：要精通任何事就得投入一萬小時去練習（大約每天二十分鐘，持續二十年）。費里斯會說，即使資料顯示多數人應投入一萬小時，事實是多數人的學習方法都錯了——或者如同他所暗示的，採取了**較慢**的方法。他認為，練習的品質比時間長短更重要。

在這件事情上，兩種想法同樣都有些許道理。如果沒有投入很多時間練習，你做任何事永遠都無法有優異的表現。沒錯，創立新事業需要投入很多時間，但只專注在時間上是錯的。長時間投入並不代表你會更接近目標。事實上，如果你沒

有善用時間，披星戴月有時候完全是浪費生命。

但新創業者常會覺得，如果沒有一天到晚忙碌就是哪裡做錯了。這會導致強迫性盡可能多工作——不是為了創造成績，只是為了保持忙碌。企業家兼作家埃利亞森（Nat Eliason）稱這種態度是「嗜苦」（struggle porn），形容這種現象是「受虐式地執迷於不斷鞭策自己，聽從別人的話努力再努力，一邊宣揚你有多認真。」他指出這可以造成很可怕的後果，好比即使已證明事業做不起來，企業主還是浪費大筆資金勉強撐下去，錯以為認真工作就是成功和進步，即使公司沒有任何發展。[5] 他們以為只要更努力，就會漸入佳境。事實不會，為工作而工作的信仰是錯的。

一個人若將所有的時間都投注在一心追求事業成長，或只是追求有錢再更有錢，你可能不會覺得他很值得信賴。這樣的人很容易讓人感覺他只是為自己著想，如果能讓他稍微更接近下一個里程碑，他會開開心心地把你賣掉。

另外有一種人透過長時間工作向周遭的人彰顯他的價值和地位。只要有機會承擔新的案子，他們決不錯過，常表達自己壓力有多大，多麼嚴重睡眠不足和行程太滿，似乎從中得到反常的快樂。對於這種人，忙碌本身似乎就是一種獎賞——只要周遭的人都知道他們有多忙。

如果你在辦公室工作，可能經常碰到最後這種人。不論你怎麼看這種人，他們其實都不太具說服力。事實上他們常會將自己的壓力和不安全感感染給旁人，只會讓人敬而遠之，無法

拉攏別人。

　　琢磨技能則是在這兩種極端之間找到健康的中庸之道。你的目標應該是避免這所有的陷阱，培養平衡的工作態度，努力把事情做到好、做到專業。你不會過度努力到「嗜苦」的執迷程度，但也不會老是尋找捷徑。追求平衡的第一步是採取講求技能的心態。

◇ 做一個琢磨技能的人

　　任務取向型的人一心只想把事情做完，不論過程；琢磨技能的人則認為過程就和完成的作品一樣重要。

　　重任務和重技能這兩種心態的差異是，前者只學習一種很棒的食譜，後者會研究烹飪的基本原則；前者會為了考試臨時抱佛腳，後者會努力精熟一門知識；前者會斤斤計較卡路里，後者會採取健康均衡的飲食。

　　事實上，琢磨技能的概念正代表深度說服的核心精神。這種心態摒棄耍花招和走捷徑（任務取向），認真培養好的習慣和性格特質（技能取向），追求在努力的過程中自然流露出說服力。一旦你能擁抱琢磨技能的心態，處理任何工作的方式都將從此改變。你將不再只看結果，而會開始思考，需要什麼樣的技能才能把事情做好。

　　假設你為了即將到來的海邊假期而想要稍微減肥。從這個角度來看，你的目標是呈現某種形象，達到這個目標的方法不

是那麼重要。但如果你改採技能取向的心態，就會改變整個計畫，重點不再是「最簡單的減肥方法是什麼？」而是「我要怎麼做才能提升體適能？」追求體適能需要技能，好比要了解你的身體對食物和運動的反應，如何將體能活動融入日常生活，如何準備和攝取營養的食物、正確運動等。體適能本身是讓身體適當運作的技能。

如果你以這個方式來實現你的計畫，你到夏威夷茂宜島遊玩時不僅看起來更漂亮，而且整個人更健康、狀況更好、更強壯。你學習到的能力將可以應用到其他很多種情況。也許有更快速的方法可以減重，但你決不會後悔投入更多時間，因為你追求的是深刻的進步，帶來的益處比在海灘上展現好身材更實質。

假設你的老闆交給你一個案子，必須使用你不太精熟的新軟體。你可以將案子交給專精那種程式的同事做（我肯定會接下來做）。但你也可以將這件事看做培養新技能的機會。這可能表示你必須提早進公司看 YouTube 上的軟體教學，或是週末把一些工作帶回家，以便從嘗試和犯錯中學習。這同樣不是完成工作最快速的方法，但最後你將學會一種新的技能，將來可能以你意想不到的方式派上用場。

你愈是學會倚賴適合工作需求的技能，而不是採取駭客哲學或暫時替代方案或把自己累到死，這些技能的展現愈會成為第二天性。然後你將不再需要仰賴刻意的做法，而能憑本能行事，善用潛意識的判斷引導你的行為。

仔細想想：鋼琴家就是投入許多年的練習，才能把琴彈得非常好，不假思索地讓美妙的樂音從指間流瀉而出。彈琴的技術面變成自動反應，效率再高也就是如此了。但達成這種效率並不會犧牲高品質。

還有一點同樣重要，一個人做事時若是抱持技能為重的心態，自然會同時展現出某種性格：顯示他認為把事情做對很重要，即使必須投入額外的時間和努力。這種性格讓你這個人更值得信賴、更有影響力。

◇ 怎麼做和做什麼一樣重要

以最簡單的話來講，講求技能的心態認為過程就和結果一樣重要，亦即**怎麼做**和**做什麼**一樣重要。這種思考方式會讓人更具說服力，且這個效益不只適用於人。事實上，近年來許多品牌都體認到，他們對消費者的影響力很大部分與其經營方式有關，而不只是提供的產品或服務是否可靠的層面。

這可以解釋近年來製作方式符合道德、講求永續性、透過公平貿易政策發包的產品為什麼會在市場上大爆發。例如Patagonia 簡述其使命為：「製造最好的產品，不造成不必要的傷害，透過商業活動激發解決環境危機的方案並致力實踐。」[6] 蘋果則是強調最新的電腦使用百分之百可回收的鋁，營業電力完全來自可再生的能源。[7]

就連很多人認為代表廉價效率的沃爾瑪也愈來愈強調他們

的經營方式。他們設定宏大的目標，要致力減少溫室氣體排放，減少營業廢棄物，負責任地採購產品。[8]

這些品牌明白，他們的經營方式對消費者購買決策的影響就和賣什麼一樣重要。當然，他們可以找到更便宜、快速、有效率的方法製造產品。但愈來愈多的品牌願意以對的方式去做，以此凸顯優良的品格，因爲他們知道這會引發消費者的共鳴。

◇ 生活中講求技能的藝術

所以你要如何練習將這種琢磨技能的態度應用在工作上？畢竟一天就只有二十四小時。除非你是達文西，要成爲每一件事的專家不是很務實的目標。所幸我主張的講求技能的生活態度並不需要你成爲各方面的達人，只要做事時抱著學習與改善技能的目標即可。你可能最終只會成爲普通的小提琴手或差強人意的廚師，但只要你每次做這些事時努力讓你的技能更好一些，就能成功擁抱技能取向的心態。

一件事若值得做，就值得把它做好。要學習做到「好」，只能靠專注和用心投入，而不是只想著草草完成。

有一些重要的策略可幫助你實踐這些觀念。

刻意練習

要學會任何技能，最基本的方法可能是心理學家艾瑞克森

（Anders Ericsson）所謂的「刻意練習」（deliberate practice）。這是一種專注、有系統的練習方法，目的是將自己推出舒適圈。這與填鴨式重複或只是「敷衍了事」完全相反。

拿起吉他不用心地隨興彈奏不叫刻意練習。全神貫注在差一點就會的一小段旋律，注意哪裡出錯並刻意矯正，這才是刻意練習。[9]

刻意練習的一個重點是知道何時該停止。因為這種練習需要高度的心力和專注力，最好是每次短時間衝刺就好。如果一次練習太久，你會感到疲倦，開始草率起來。所以嘗試在短期內長時間練習是錯的。你的目標應該是在你能維持的最長時間內保持最大的專注，一旦你感覺專注力下滑就應停止。

花兩年琢磨一種技能

這一點簡單明瞭。如果你選擇的是講求技能的生活態度，就必須不斷學習。一個方法是每兩年學一種重要的新技能。不論是攝影、衝浪、編織都沒關係，重要的是你真的想要學習——不是要變成大師，而只是學習。

在這一點上費里斯同樣是很好的例子。他將學習新技能變成一種生活方式，這也是他能吸引死忠追隨者的主因，就連通常不贊同他的人都會認真看待他，那是因為他做任何事都非常認真。

如果你這麼做且做得夠久，學習的東西夠多，你會逐漸熟悉學習新技能的模式，這又會讓你更善於學習，在各種生活領

域成爲更有能力的人。

你要克服的最大困難通常發生在一開始時，那時你的表現會非常糟糕。如果你養成經常學習新技能的習慣，你會明白，初期看似無可救藥的狀況只是不可避免的階段，不需要爲此心生挫折。

〔我的「甜蜜科學」實驗〕

我自己最近在拳擊場的嘗試很能印證經常學習新技能所帶來的好處。我在大約兩年前開始對拳擊感興趣，預期很快就可以學會。能有多難嘛？畢竟大約只有六種拳要學——刺拳、重拳、左右鉤拳、左右上擊拳。

我找了一個訓練師，只學幾個月就掌握基本技巧了。我第一次參加對打時很有信心，準備了我以爲很穩當的策略。但就像泰森曾說的：「每個人都有一套計畫，等到嘴巴被打一拳才知道不行。」[10]

以我的情況來說，問題其實不是怕被打。事實恰恰相反，我不像多數人那麼在意被打，但很容易太快衝向對手。我是比較肉搏型的拳擊手，但少了技能那個部分，這導致我自己的出拳會受到限制，因爲太靠近而無法有效打擊對手，結果就是常會讓自己暴露弱點。通常到第三回合左右，我被打中的次數會遠多於出拳次數。

我的錯誤是太倚賴內在的力量（願意被打），而沒有花時間提升對我不是那麼自然就會的重要技巧（好比步法和閃

躲）。我以為自己找到最省力氣的方法。這是以相當痛苦的方式學習做對事情的價值。

現在我會接受教練的教導並多加練習，改善我的出拳、阻擋、步法——換句話說，把重心放在基本功和技能。我的技巧改善很多。我發現正確運動和控制自己的心情變得更容易，即使對打時開始煩躁。隨著我所學的核心技能愈來愈變成第二天性，我也更能隨機應變，應付非預期的狀況。我現在會評斷自己在每一場練習中，技能是否更精進，但未來還有很多年的努力空間。

我發現，我從這種刻意練習拳擊所學到的智慧也能用於學習完全不同領域的技能。舉例來說，拳擊教會我即使在痛苦不舒服的時候也能保持紀律；碰到不是天生就會的東西也不會氣餒；有些建議乍聽之下似乎很蠢或老套，一旦你掌握了一些經驗，這些建議可能變得不可或缺。這些體會不只適用於拳擊，也適用於所有的事。沒有任何成長可以在安逸中獲得。

追求熱愛的興趣而不是嗜好

如果你已經有一種嗜好是你花很多時間去做的，不要再把它想成好玩的娛樂，試著想成熱愛的興趣——一門本身就值得你重視和努力提升的技能或知識。你做那件事時不要只是輕鬆消遣，而要當做需要刻意練習的活動。

也許你每個週末喜歡到公園隨機找人打籃球，但很少花時間練習罰球或三分球。你只需要在下一次隨機打籃球之前或

之後多花三十分鐘刻意練習，就能將這個輕鬆的消遣變成真正的技能。如果你一個月和朋友打一次撲克而且很喜歡，不要再把它想成偶爾的社交活動，花點時間研究策略，尋求高手的建議，每次玩都努力提升你的表現。說不定甚至可以試看看你能不能學會數牌。

同樣的道理，如果你是某個樂團或電影導演的粉絲，但不是很狂熱，你可以努力成為專家。閱讀你能找到的所有評論，找出還沒看過聽過的鮮為人知的作品。如此你會將隨性的玩樂變成講求技能的活動——那絕對會帶給你更大的滿足。

質重於量

我知道這是老生常談，但剛好也是事實：與其會做很多事但做得不好，不如專精少數幾件事。實務上，這表示要避開你沒有時間專注展現技能的事，或無法以任何有意義的方式讓你精益求精的事。不過你未必每次都能做到。

舉例來說，很多人在公司碰到不是自己職責範圍裡一定要做的案子和瑣碎的工作，也會覺得必須自願參與。結果注意力愈來愈分散，稀釋了整體工作的表現品質，無法改善對自己真正重要的技能。

因此你要能自在地拒絕對你的大目標不重要的事，不論是事業或生活上。這可能意味著，你要拒絕參加已經很多人參加、對你當前的工作又不是很重要的會議，收到連鎖電郵時不必每次都附和。利用多出來的時間專注、用心、展現技能去做

你真正的工作。

資訊要正確

要具備說服力，你可以培養的最重要能力之一，是熟練和負責任地處理資訊。

如果一個人總是提出對的資訊，善於分辨好的、壞的資訊，必然會讓人覺得比較值得信賴，也就比較有影響力。他說話時別人會注意聽，因為他說的應該是真的。

反之，一個對事實不認真的人依照定義幾乎就是不可靠的人。此所以當辯護律師要削弱證人的說法時，總會從證詞中尋找不精確的小地方。律師這麼做是要將證人描繪成不夠尊重事實準確性的人，因此他的話不值得聽。

學習高度尊重事實需要刻意練習。具體而言，你必須學習抱著警覺心，在你自己檢查過之前對多數資訊先存疑。要以負責任的態度看待事實，還要培養高明的研究技能。如果你在談話中要引述某項統計數字或援引歷史故事，一定要事先做過功課，確定你說的確實無誤。

即使只是弄錯看似細微的事實，也可能對你的名聲造成嚴重的影響，連帶損及你的說服力。某項資訊也許對你不重要，但並不因此就表示對聽眾不重要。如果聽眾中有人對某項主題比你更懂，注意到你在某件重要的事情上稍微出錯，他很快就會對你產生一種印象：你是那種草率看待事實的人。如果你的目標是要說服別人，這個印象會讓你處於很不利的地位。

多數時候，這種盡職調查（due diligence）的態度不會被注意到，完全是幕後的功夫。但若十次中有一次，某人在會議中提出挑戰或問了出乎意料的問題，而你準備了詳細的答案，你會贏得專業的名聲，而且實至名歸。

我們會被表現優異的人吸引，會信賴他，尋求他的建議，追隨他的領導。當他表達意見時，我們會認真看待。那是因為當一個人重視品質，做事能展現技能和專注力，這會顯露出他具有某種性格特質。當別人觀察到你有這個特質，潛意識裡就會賦予你更大的影響力。

因此，從說服力的觀點來看，無論事情大小，做事情最好的態度就是著眼於需要哪些技能才能做好，然後用心培養和改善那些技能。簡而言之，這就是琢磨技能的精神。這是在兩種極端之間取得重要的平衡：一端是生活駭客哲學，一端是很多人盲目信奉的「做愈多愈好」的自虐工作哲學。

你可以透過下列方法轉變為講求技能的態度：

1. 刻意練習

2. 花兩年琢磨一種技能

3. 追求熱愛的興趣而不是嗜好

4. 質勝於量

5. 資訊要正確

慢慢的，別人眼中的你就是一個展現高標準和堅持品質的人。

如果你能做到這一點，你得到的不只是技能，還有影響力。

NOTES

第十一章

找到鼓舞你的人

只要我的腦子能想像，

我的心能相信，

我就能做到。

——阿里（Muhammad Ali）

說服是影響他人行動與信念的藝術。發揮說服力的方法很多：你可以威脅、收買、嚇唬、訴諸對方的利益、或引發他人的罪惡感。但在這世上，再也沒有什麼比受到鼓舞更能讓人產生動力。

當我們受到鼓舞去完成一個目標或採取某種立場，我們不只是被激勵，那種激勵會讓人樂觀向上、心情愉快、充滿活力。我們會感到未來充滿可能性，決心要超越平常的侷限，變得比以前的自己更好，也就是我們的靈魂將會得到養分。

仔細想想，我們一生中做的很多事都是因為某個時刻受到鼓舞。例如我會學樂器是因為聽了歡樂分隊（Joy Division）的《愛的撕裂》（Love Will Tear Us Apart），貝斯手的彈奏讓我很有感覺。在我聽來那樂音是如此簡單、動聽、讓人難忘。我會進入廣告業也不是因為任何務實的考量，而是因為小時候最喜歡酷愛飲料（Kool-Aid）的角色所喊的那句「歐耶！」──那個帶著笑容、會衝破牆壁撞壞家具的擬人化水壺。只要小孩子喊一聲：「嘿，酷愛！」他就會帶著紅色的糖水現身。利用卡通人物毀壞房子真是太神奇了，我一定要參與這個行業！

當一個具有鼓舞力量的人請我們做某件事，我們很容易就會答應。如果《每日秀》主持人史都華（Jon Stewart）此刻出現在我的辦公室要向我借車，我會馬上把鑰匙丟給他。

努力在日常生活中帶給人鼓舞的力量是培養說服力最有效的方法之一。這沒有單一方法，看看你曾被多少種不同的人鼓舞就知道了。從某個意義來說，本書討論過的每一種習慣和性

格特質都能幫助你帶給別人鼓舞的力量。如果你努力變得更慷慨、尊重他人、很會說故事，肯定有很多人會被你的性格所鼓舞。但鼓舞他人還有其他的意思：表示你依循原則過生活，激勵他人挑戰既有的侷限，甚至讓這世界變得更美好。

能夠鼓舞別人並不表示你永不犯錯，畢竟我們都是凡人。鼓舞別人只表示你永遠盡最大的努力依循個人的原則過生活。

◇ 鼓舞力量的典範

當我想到歷史上最能鼓舞他人的典範，不論是美國廢奴主義者塔布曼（Harriet Tubman）或愛因斯坦，都會特別注意到一點：他們都展現出異乎常人的堅定原則和誠信。也就是說他們都願意將信念付諸實踐，即使這麼做並不受歡迎，還會損及自己眼前的利益。但他們也因此而能夠改變周遭人們的想法和行為。

做為一個拳擊手，阿里（Muhammad Ali）是個神奇的超人——技巧高明、時機掌控精準、速度快、出拳準確、很有天賦。但他能鼓舞人的真正理由和他在一九六〇年代末和七〇年代初在拳擊場外所做的事有關。阿里在二十二歲時贏得重量級冠軍，兩年後（一九六六年）他拒絕被徵召到越南打仗。其一是因為宗教的理由（他是回教徒），其二是他基於自己的道德原則認為戰爭本身是不義的。

之後他被視為逃兵定罪，判刑五年。他是有原則的良心反

對者，但半數國人眼中的他並非如此，而是懦夫。他在上訴期間仍是自由的，但拳擊執照在每個州都被撤銷，護照被沒收，以防他到海外打拳擊，重量級拳王的頭銜也被拿掉。

阿里要具備多麼驚人的堅毅勇氣才能不爲所動！這是一個站在事業巔峰的拳擊手，卻被拿掉打拳的資格。他大可以屈服，虛與委蛇，照當局的話去做，即使不爲自己，也要爲家人著想。但他沒有。他寧可看著運動黃金期過去，等待他的上訴案在緩慢的法制系統中蝸步前進。直到一九七一年，最高法院終於一致通過推翻原本的有罪判決。[1] 這時他已睽違拳壇四年。

直到一九七四年，他才在剛果民主共和國（時名薩伊）首都金夏沙（Kinshasa, Zaire）的歷史性戰役，擊敗二十五歲的福爾曼（George Foreman），重新贏回重量級拳王頭銜。那年他三十二歲時，在七〇年代，這個年紀對拳擊手而言算相當老，尤其對阿里這樣仰賴速度和靈巧動作的拳擊手而言。[2] 他若在三十歲之前能繼續打拳，誰知道會累積多少成就。

阿里堅持住他的原則，不只在日子好過的時候，甚至當他清楚知道會因此喪失生計甚至自由時也沒有動搖。他一再表明如果法院判決他必須入獄，他願意入獄。他有數年的時間拮据度日，幾乎身無分文。但他沒有偷偷跑到國外，依舊活在眾人的目光下，坦蕩說出他的想法，鼓舞他人勇敢護衛自己的信念。事實證明歷史站在阿里這一邊，但當時美國很多人並不支持阿里的坦率直言。

如果他屈服，說他必須說的話，以便保住拳擊執照和免於入獄，理性的人多半不會指責他。他們會想：「我若是他，大概也會那樣做。」他的堅守原則為每個人提高了標準。因為阿里，世人少了一個藉口可以在價值觀受到挑戰時尋找輕鬆的方法脫身，想要犧牲原則向現實妥協會變得更困難一點。

具鼓舞力量的人就是能夠做到這個境界。像這樣的人能夠促使我們超越本來的侷限，讓我們有力量和動機表現得更好，努力追求更有意義的生活。

🔲 打破旁觀者魔咒

這種堅持原則的態度可以非常有效地影響他人的行為。在很多情況下，只需要出現一個人帶動一波改變，人們就能擺脫心理學家所謂的**旁觀者效應**。

最早探索旁觀者效應的是一九六〇年代末的心理學家達利（John M. Darley）和拉丹（Bibb Latané）。他們會做相關研究，是因為一九六四年在紐約皇后區發生的一樁慘案。有天晚上，二十八歲女子吉諾維斯（Kitty Genovese）在自家公寓前的街上被殘忍強暴後刺死。很多報導都說當時有數十人自承看到或聽到事件發生，但未能阻止憾事或甚至報警。[3]

事後證明這個敘述太誇張，其實有兩個人報警。但故事的錯誤版本引起全國注意，激發一個問題的討論：為什麼沒有人介入？

這就是達利和拉丹在具標竿意義的實驗中要探討的問題。他們假設愈多人目睹危機，任何一個人挺身介入的機率愈低。他們的研究恰恰證實了這一點。

在一項實驗中，一個大學生受邀參加個人問題與大學生活的討論。討論到一半，另一位參與者假裝抽搐（這其實是實驗的一部分）。實驗的重點是測試第一個學生是否會幫忙，如果會，多久之後才幫忙。不僅如此，這項研究還要探討，助人的反應如何受到在場人數影響。

果然，當只有一人目睹抽搐時，學生伸出援手的機率大很多，並且非常快速。見證人愈多，學生愈不可能介入。當在場人數較多時，真的嘗試幫助的人也會等待較長的時間。[4]

換句話說，當我們在人群當中，我們所有的人都很容易在需要行動時坐視不管（亦即當旁觀者）。即使坐視不管代表違背我們最常識性的道德原則也是如此，好比「當別人遭遇困難時你應該伸出援手」。

達利和拉丹解釋，旁觀者效應的一個可能原因是所謂的**責任分散**（diffusion of responsibility）。當很多人在場時，我們會覺得自己助人的責任似乎沒有那麼重要，因而較傾向坐視不管。同樣的道理，未採取行動所受的指責也會在群體中被分散。[5] 我們會想：「既然大家都沒做任何事，為什麼我應該做？」

這些發現實在太讓人沮喪了。但我們還是可以找到一線希望：當有人挺身行動時，會讓其他人很難再當旁觀者。確實如

此，只需要一個人打破責任分散的魔咒，其他人就會覺得必須伸出援手。而這正是具鼓舞力量的人所扮演的角色。

只要你仔細觀察，處處可見到這種狀況。舉例來說，如果某個時運不濟的人在地鐵乞討，有時候我們的本能是避開眼神接觸，拒絕拿出零錢，直到另一個人給他幾塊錢或甚至幾分錢。然後你通常會發現閘門打開了，人們開始掏出錢來（金額視每個人能拿出多少而定）。這也是為什麼電視慈善捐款活動會持續計算其他觀眾捐了多少錢。（這種心理傾向當然可以被利用。舉例來說，聰明的街頭藝人常會在表演之前自己先丟一些錢到帽子裡，讓人以為已經有人捐錢了）。

具鼓舞力量的人不會告訴我們應該怎麼做才對，沒有人需要被告知應該幫助有需要的人或保護環境。但這樣的人會激勵我們堅守原本就支持的原則，抗拒我們較卑微自私的傾向，包括採取當個旁觀者。

一九五○年代發生的一件事正是如此，當時阿拉巴馬州蒙哥馬利市（Montgomery）的女裁縫帕克斯（Rosa Parks）拒絕順應該市的種族隔離法，尤其是黑人應該坐在巴士後面的規定。每個人都可以清楚看出吉姆·克勞法（Jim Crow laws）的那些規定多麼荒謬不人道，但很少人挺身反抗。

一九五五年十二月一日週四，帕克斯從蒙哥馬利市集百貨公司（Montgomery Fair）下班，搭巴士回家，被要求將座位讓給一個白人乘客。由於帕克斯已經坐在巴士的「有色人種區」，這個要求更讓人憤怒。「白人區」已經坐滿，為了讓白

人乘客有更多座位，司機請她和其他三人站起來。帕克斯決不接受。她簡單回答「今天不行」，拒絕當一個旁觀者。這是歷史上展現「說不的力量」最有意義的例子。

帕克斯後來解釋：「人們總說我沒有讓坐是因為疲倦，但這不是事實。我的身體並不疲倦⋯⋯唯一讓我感到厭倦的是屈服。」[6]

這了不起的人民不服從舉動讓她被警察拘留。數日後，她以妨害治安被定罪，但她提出上訴。她的被捕和審判激發了民眾大規模抵制該市實施超過一年的巴士制度——這場抗議行動現在已成為傳奇，領導者不是別人，正是當時二十六歲的金恩博士。帕克斯最後在一九五六年上訴到最高法院，法院做出對她有利的判決。此判決促成蒙哥馬利解除巴士種族隔離制度，為一九六四年民權法案（Civil Rights Act）的誕生鋪路。[7] 這全是因為一個人起來反抗法律，因為法律違背了她自己關於誠信、平等、自我價值的觀念。並不是只有她體認到這些法律多麼背離道德，但她是少數拒絕屈服於旁觀者效應的人，結果她便成為改寫歷史的重要力量。

我最喜歡的另一個體現這項原則的例子，是綠建築先驅高弗里（David Gottfried）。他從事地產開發多年後，體悟到建築造成多麼嚴重的環境破壞，這個行業雖讓他荷包滿滿，同時卻也在傷害地球。這是二十五年前的事了，當時開發商和建築師在新建案破土時，最不可能想到的就是建物對環境的衝擊。改變這些規範的人當中，居功最大的可能就是高弗里——不只

是在美國，還包括全世界。他運用他的技能和人脈致力促成改變。

一九九○年代，他與人共創兩個組織：美國綠建築協會（U.S. Green Building Council）和世界綠建築協會（World Green Building Council）。這些組織聯合促成全球掀起一場透過永續建築保護地球的運動。最值得注意的是，高弗里是推動「領先能源與環境設計」標準（Leadership in Energy and Environmental Design, LEED）背後的主要力量。這套系統依據多種因素評估建物是否友善環境，包括建材、建造過程使用的資源、建物的能源與省水效率、對空氣品質和居住者健康的影響等。

LEED 認證現在已成為全球各種建物的標準要求。事實上，在一百六十七個國家都可看到 LEED 認證建物。據估計，每天有二百二十萬平方呎的房產獲得認證。[8] 這種建物製造的二氧化碳汙染比一般建物少 34%，消耗的能源低 25%。[9]

這項標準的影響之大難以估計。我們現在興建的很多建物都會流傳數代，這表示我們今天所做的決定將對環境造成長遠的巨大影響。想想全美二氧化碳排放大約有 40% 來自建物。[10] 若能確保今日的建物能有效率地使用資源和能源，產生最少的汙染，對於保護地球的努力就能產生很大的進步。高弗里的努力正是受到這個體悟所激勵。

這個人的強大毅力已經為我們的健康和環境帶來改變世界的益處，未來數百年的子孫還會持續受益。就像高弗里曾說

的：「我們每個人都是改變的種子。如果我們能綠化自己和我們的影響範圍（那可是幾千萬、幾十億人），就能創造出我們很需要的巨大改變。」[11] 這告訴我們，不論你從事何種行業或你的專業是什麼，永遠可以找到方法運用你已經擁有的技能、人脈和知識來做好事。

當沒有人伸出援手幫助別人或照顧環境，我們還可以騙自己什麼都不做也沒關係。但只要我們誠實面對自己，多數人都有足夠的理智知道這不是事實。我們內心深處很清楚何時需要採取行動。只要有一個人回應這個需求，我們其他人就很難讓自己逃避責任。我們會想到：「如果這個人能做到，我有什麼藉口不做？」

具鼓舞力量的人就是這樣發揮影響力的。

◇ 即使是廣告人也可以做好事

長大後，大部分時候我都自認是相當有原則的人。我有我的信念，也會試著了解這世界上最迫切的問題。我支持我真正相信的候選人，在餐會上會與人深刻談論社會與國家的狀態。但我從來沒有做多少事，主要是因為我認為今日最大的挑戰太龐大，不是我這樣的人能產生任何影響的。你明白的，就是典型的旁觀者思考。但這裡面有個問題：依循原則過生活與進行有見地的談話，這兩者不能畫上等號，抱持某種觀念和實踐那個觀念之間有很大的距離。就像人們常說的，嘴巴講講很

簡單。

直到我和副總統拜登合作「你我都有責任」活動後，我才領悟到這個事實。這個活動致力於打擊旁觀者效應，鼓勵所有的美國人挺身而出，盡自己一份心力預防校園性侵害。我們會採取這樣的方式並非偶然，而是因為體認到，會發生這些可怕的犯罪事件，就是因為我們不願承擔責任，不願從群眾中走出來，在性侵案未發生之前防範未然。

那次活動之後，我將這份體悟提升到另一個層次，與人共同創立創意聯盟（Creative Alliance）。基本概念是利用全球最富創意的一些公司，協助設計活動來推行真實的社會改革。

創意聯盟把重心放在四大問題：

1. 反仇恨和反歧視

2. 性別平等

3. 教育普及

4. 公民參與

四年前剛開始時只有九個夥伴，現在有九十多家公司為這個組織貢獻人力和才能，包括知名大公司如創新藝人經紀公司（CAA）、百老匯視訊（Broadway Video）、喜劇中心頻道（Comedy Central）、MTV，以及很優異的廣告公司如72&Sunny、BBH、Subrosa Good Co、Havas。我們能號召這些組織一起出力，一大部分是因為打破了旁觀者效應的魔咒。

我們在拉攏很多夥伴公司加入時，完全仰賴鼓舞的力量：

「我們願意投入時間、心力、資源和專業推動真正的社會公益，而不只是販賣產品。你們不願意也協助帶領一個你們很在乎的活動嗎？」

當你告訴人們，他可以運用自己的力量做善事，對方會很高興。

至今我們帶頭推動了八項活動，致力協助孩子上大學、打擊歧視、推動性別平等。[12] 創意聯盟最近的一項計畫 ＃ VoteTogether（一起去投票），選在投票所附近舉辦封街派對、烤肉和其他活動，目標是提升選民參與。我們希望讓個人、家庭和社區明白，民主參與是聚在一起慶祝的機會，而不是製造歧見的源頭。我們也提出一些鼓舞人心的指導原則：「目的重於獲利」、「合作重於競爭」、「重點是長期的運動而不是短暫的火花」等。

當你要從無到有創造任何成果，建立鼓舞人心的基本原則絕對有助於照亮前方的道路。如果幾年前你告訴我，我在擴展教育機會或爭取性別平等上能扮演一個小角色，我不會相信。我會告訴你，像我這樣的人沒有時間或能力可以做那樣的事。這種很無力的藉口通常會變成自我實現的預言。事實是你和我都可以做到，只要下定決心去做就可以。

我以這個方式表達我在面對急迫的社會問題時拒絕做一個旁觀者。在這所有的活動背後有一個統一的概念，就是我們每個人都有力量可以在賺錢之餘，善用自己的技能做好事。

◇ 透過個人的權威展現影響力

當你能習慣性努力將你的價值觀轉化為行動，你會慢慢贏得「以實際行動支持重要價值」的名聲，這便會讓你產生個人的權威。

當一個人擁有這樣的權威，我們通常會信任他的決定，對這種人自然會產生一種印象，就是他很誠懇，立意良善，在乎對的事。如果你在別人眼中是這樣的人，當你表達某種意見時，別人很可能就會追隨你的帶領。

金恩博士就是具體表現這種力量的最佳典範。他擁有優異的領導力、豐富的學識，致力追求社會平等，在這許多方面累積多年的經驗才贏得非比尋常的權威，也才能說服民權運動成員以**非暴力**的方式推動目標。那段時期很多事情讓人很想要透過暴力手段打這場政治戰。想想非裔美國人承受了幾世紀的壓制，至今仍受到影響，這種想法完全可以理解。但金恩幾乎只靠一個人的力量，成功說服當時的行動主義者透過非暴力手段追求理想——有時候他們自己還承受著反對者的殘酷暴力。他能做到這麼了不起的成就，不是透過說理或宣傳或強迫，而是透過努力建立而來的權威，

最後才會催生出史上最獨特的非暴力政治起義。蒙哥馬利巴士抵制、華盛頓大遊行、塞爾瑪到蒙哥馬利的遊行（Selma-to-Montgomery march）至今仍是和平政治活動的典範，世界各地都有人效法。[13]

這同樣是因為鼓舞人心而產生影響力的崇高典範，但我們每個人也都可以將同樣的原則應用在自己的人生。當你建立了好名聲，大家都知道你行事秉持原則，在乎做對的事，人們會更願意追隨你的帶領，將你的意見聽進心裡。

如何鼓舞別人

鼓舞周遭的人沒有單一方法。一個人能夠鼓舞別人，多少和時勢造英雄有點關係，但你可以透過很多方法培養可能鼓舞別人的性格特質。

少說教

有能力針對當前的某個問題說得頭頭是道當然不錯，但這也是全世界最容易做的事——很大部分要拜今日極度複雜的資訊科技所賜。你一個下午就可以在推特訊息看到各式各樣爆發力十足的意見和信念，其中很多都只是空口說白話。

將信念付諸行動則要困難許多，也因此不是那麼常看到。但真正鼓舞我們的是那些站起來以行動實踐信念的人，即使是以微小漸進的方式。

高弗里會建立 LEED 標準，我會協助創立創意聯盟，就是在實踐信念。但你不需要創立運動或做到多崇高的事才叫實踐原則。將你的價值觀化為行動也可以很簡單，好比幫本地的小孩補數學，重點是做你在乎的事，任何事都可以。你可以先想

想你在熟悉領域學到的技能能夠運用在什麼地方，如此可提高成功的機率。

當這類作為變成你的一部分，你說的話就會有份量得多。

運用你的力量行善

我們都擅長某些事。要實踐你最深的信念，一個方法是想想如何運用你的才賦做好事。你很有文采嗎？不妨找一個你認為很有意義的非營利組織，主動表示要幫忙設計動人的訊息。你是專業的金融顧問？何不想辦法將你的智慧傳承給社區中較貧窮的弱勢者？我是廣告人，靠著銷售啤酒和護唇膏過生活，就連我都能運用我的技能推動社會變革。

不論你擅長什麼，一定要確保你也善用那些能力去改善別人的生活，而不只是促進你自己和雇主的利益。這就是我的好友庫恩斯（Josh Coombes）所做的事，而且發揮了深遠的影響。庫恩斯一直在倫敦的髮廊當美髮師，直到最近才改變。他向來對倫敦的遊民懷著很深的同情，但自認無力做任何事。一個美髮師能對遊民有什麼影響？三年前的一次頓悟改變了他的人生，他想到，如果他善用美髮技能改善倫敦的弱勢者，結果會怎樣？於是他揹起背包，走到街頭去，花一個小時幫一個遊民剪頭髮。他希望以這個方式發揮技能，讓最需要的人多一點點信心。

但他很快明白，剪髮只是與人連結的一個方式，他自己透過這個方式得到的滿足不下於被剪髮的人。他一次又一次去

做這件事，漸漸發現他正可藉此機會認識別人，分享他自己的興趣、恐懼和煩惱。每次剪完頭髮，庫恩斯和被剪的人都覺得自己有些不同──更有人性一點，更被了解一點，少一點無助感。事實上，他談到這件事時特別強調，他和遊民分享的經驗對自己和對方同樣重要。

他開始在 IG 張貼這些故事，連同剪髮前後的照片，附上標籤 #DoSomethingForNothing（無償付出）。我就是這樣發現他的。運用你的技能讓世界更美好的這整個觀念讓我深有同感，我想要更加了解庫恩斯。我也想要將他所做的事和公司的人分享。於是我和庫恩斯聯絡，邀請他到我們公司的年度高峰會演講。

高峰會是公司的重要大事，四個辦公處的員工每年只有這個時間會齊聚一堂。我們認為可把握這個機會從日常工作退後一步，充充電，把重心放在整體目標和價值觀上，最重要的是從活動中得到鼓舞。聽庫恩斯敘述他所做的事很難不受鼓舞。那年的高峰會在墨西哥舉辦，我知道他一定能為活動增色不少。庫恩斯不曾在活動中演講過，但他很喜歡這個點子，很快就同意前來。結果證明他的演講是當天最精彩的節目。

自從庫恩斯在 IG 貼文，他的努力變成無償付出運動，鼓舞了很多人追隨他的典範。舉例來說，獸醫史塔特（Jade Statt）展開她所謂的街頭獸醫運動，目標是幫助遊民照顧他們的狗，提供施打疫苗、手術等各種服務。[14] 另外還有攝影師霍夫曼（Tatjana Hoffman）創立希望模特兒運動（There Is

Hope Models），這家模特兒經紀公司專拍倫敦的遊民，目標是改變倫敦最弱勢族群在人們——以及他們自身——眼中的觀感。[15]

有人問庫恩斯要如何參與無償付出運動，他的回答很簡單：寫下你喜歡做而且擅長做的三件事，再寫下你熱切關心的三個議題。「你把兩者擺在一起看一會兒，很容易就會找到方法將兩者結合起來。」

庫恩斯的例子告訴我們，你不需要改變歷史，此刻就能改善人們的生活。你只需要提供一點有價值的東西給需要的人，即使是剪髮這樣看似微不足道的事也可以讓人變得樂觀向上。

展現誠信和實踐目標的最直接路徑就是善用你的力量做好事（不論你有什麼力量）。我所謂的誠信（integrity）是指當你的能力、行動、價值觀和目標全部一致時，個人所體驗到的和諧狀態。

找到你的志業

選擇一個值得你付出時間和心力的志業可不容易。自從我投入社會行動主義（social activism），才驚訝地發現有許多很棒的組織（以及個別行動主義者）正在做很了不起的事情，努力解決社會問題。你如何決定應該把心力放在哪裡？

可能已經有某個問題是你很關心的，或至少有某個一般性議題是你強烈相信需要被賦予更多關注的。也許是刑事司法改革或退伍軍人權益或罕見疾病，也或許是社會或甚至鄰里正面

臨的問題。先找出自然而然吸引你的某個主題做一些研究，了解相關的基本事實。一旦你對這個主題形成有根據的意見，接著要了解是否有哪些組織在這方面有些進步，而且是讓你深有所感的進步。在研究階段，GiveWell.org 和 Philanthropedia 這一類的資源可以提供很有幫助的指引。

當你將選項縮減到少數幾個團體之後，再找他們的書面資料來看，好比研究報告、年報或你能找到的任何東西。如果他們的使命仍然讓你很有共鳴，打電話問問已經參與的人。最重要，詢問你可以幫什麼忙。

我建議你限制在一、兩種主要志業，質比量更重要。把重點放在你的付出能產生最大效果的活動和組織。

親近你很敬佩的人

我很驚訝人們很少想到去接觸鼓舞自己的偶像。我們總以為成就非凡的人一定是超人，天生具備我們這些凡夫俗子所欠缺的特殊能力，但這種想法其實會阻礙我們參與有意義的事。

心理學家拉克伍德（Penelope Lockwood）和昆達（Ziva Kunda）探討過角色模範和鼓舞力量之間的關係。他們發現，不凡的人可以帶給人深遠的激勵力量，但也可能「沒有帶來你渴望的鼓舞力量，反而讓你氣餒和貶抑自己。原因可能是角色模範在你感興趣的領域已達到不可觸及的成就」。[16] 這很有道理，如果需要甘地那樣的人物才能讓這世界發生真正有效的改變，你我這樣的凡人能寄望自己達成什麼成就？

但抱持這種態度是錯的。避免這個錯誤的一個方法是去接觸鼓舞你的人。寫封電郵，發推文，寄廣告郵件，或在某項活動後走上前去自我介紹。談談你們共同的價值觀，詢問對方如何走到今天，你如何能效法他。請他喝杯咖啡或吃頓飯。

　　很多時候這類對話不會有結果，你甚至可能不會得到回覆。但你還是可能學到一<u>些</u>東西，或甚至開啓一段維持多年的關係。在這種情況下，你會發現這些具有鼓舞力量的人在很多方面和你沒有那麼不同。然後你心中那個想法會開始改變，不再認定他們的成就是你難以企及的。我和高弗里及庫恩斯至今還是朋友，而我和他們的關係就是我主動去建立的。

　　角色模範的可親程度會讓你驚訝。我們認為高不可攀的很多人其實最愛提攜後進和傳承知識，但多數人都因為心懷畏懼而不敢實際向他們討教。

　　接觸角色模範一段時間後，你會建立起一個可以互相交談的友誼網絡，對象都是將做好事和個人誠信當做生活一部分的人，這會幫助你將自己提升到同樣高的水準。

　　要說服人採取行動，鼓舞別人無疑是最深刻的方法，很多時候也是最強大的。如果你能帶給人鼓舞的力量，你通常不用太費力就能讓別人認真看待你的意見。你的觀點會帶有權威性，你提出要求時別人會特別用心應允。你的影響力將遠超過銷售技巧、雄辯術或討價還價，因為你的說服力很有深度。

　　帶給人鼓舞的力量很不容易，需要一輩子不斷努力秉持原則行事。最重要的一點是，當你需要秉持價值觀來採取行動時，你很能夠抗拒旁觀者效應，走出和一般人不一樣的路。

　　做到下列幾點最能鼓舞他人：

　　1. 少說教，多實踐。

　　2. 善用自己的力量做好事。

　　3. 找出能實踐價值觀的志業。

　　4. 親近自己很敬佩的人。

　　如果你能培養這些習慣，把它變成日常生活的一部分，最後別人會受到你的激勵去採取行動，不再有藉口無所作為。

　　你會帶給人鼓舞的力量。

NOTES

▌ 原則 4 「深度」的省思

　　現代的說服術不必是無心無肺的騙術。事實上，最能帶給我們鼓舞和力量的人，必然能夠讓我們打從心底產生共鳴。當一個人憑著品格的純粹力量鼓舞我們，原本困難的事也會變得容易，原本以為大錯特錯的觀念也可能有了新的合理性，甚至是磁吸力。

　　這樣的經驗就是有深度的說服。

▋ 後記

在今天的社會，「說服」已變成一個貶抑詞，我從事的廣告業也是幫凶。

人們之所以會認為說服（尤其是廣告業）不道德，起碼可以追溯到社會評論家帕卡德（Vance Packard）一九五七年的書，《隱藏的說服者》（*The Hidden Persuaders*）。作者在這本具標誌意義的著作中，揭露那個時代的廣告主如何利用心理研究，讓消費者被自己的潛意識慾望所害。這是對這個產業的嚴厲控訴，從很多方面來看我們也可能是咎由自取。

問題是《隱藏的說服者》談的不是說服力。如果你將心理學當做武器，促使別人順服你的意志，這不是說服，是操縱。操縱絕對不可取。

說服不同。當你說服某人，你並不是矇騙他去相信某件事，或讓人去做頭腦更清楚時不會做的事，而是要激勵他在自由意志下做出特定選擇。你將選擇權交給對方。

二〇一六年的美國總統選舉便很能凸顯這個重要的差異，當時外國勢力濫用社交媒體，對選舉產生不公平的影響。俄國的惡作劇鄉民散布錯誤資訊，偷偷地利用我們的潛意識偏見來達到他們想要的結果。換句話說，那些網民在操縱我們。

反之，當候選人利用社交媒體凸顯特定事實，顯露他們的

部分性格，描述國家未來的藍圖，或號召選民做對的事，這不是欺騙，是公平選戰。因為他們是在說服——不是操縱。你也許不贊同他，但那是你的選擇。這一點是關鍵差異。

當有人激勵我們遵循最糟糕的行為傾向——諸如恐懼、仇恨或惡意——這也是一種說服，而且很有力量。人們還可能利用說服技巧讓你去打一場不正義的戰爭，或不明智地花錢，雖然你明明知道那是不正義、不明智的。說服力不僅可用於做好事，也可以達成破壞性的目的。

◇ 說服為什麼重要

我們不能忘記，歷史上一些很了不起的成就都是拜說服所賜。林肯和帕克斯都是說服大師，利用說服力對抗極嚴重的不公不義。如果他們只等著人們自己改變心意，奴隸和種族隔離等制度會維持更久的時間。他們能發揮影響力是因為本身的品格具有說服力。

本書的一個目標是將說服的觀念帶入二十一世紀，凸顯新的說服法並不是仰賴負面訊息和挑撥離間，而是源自我們的性格中最值得稱道和最正面的特質。在最好的狀況下，說服是以最正面、最具建設性、符合道德的方法改變別人的心意，充分尊重每個人都是自由平等的個體，有權利依據自己的理由做出自己的決定。

說服也是處理當前最艱難問題的必要工具。我深信我們只

能運用說服力克服當前的社會紛爭、政治兩極化、嚴重的歧異和部落主義。

但我們的國是對話大部分都不是以說服為目標。不論是報章專欄或社交媒體的謾罵，人們的主要溝通模式都只是強化既有的信念，將意見不同的人描述成較低劣、落後或甚至邪惡。我們的公共辯論已成了贏家通拿的宿敵對戰。這些社會趨勢把我們變成互相敵對，讓國家制度頻臨崩壞。

這種情況實在不可長期下去，尤其在美國這樣多元又講求個人主義的國家。如果我們要好好地生活在一起，就必須能夠讓別人從我們的角度看事情，但不是透過強迫或羞辱或語言審查，而是讓別人信服，也就是說服他們。

⬡ 品格再受重視

我們有樂觀的理由，因為當前的情勢也凸顯品格的重要性。關於種族、性別平等、包容等議題的社會運動，促使我們對自己在公私領域的表現抱持更高的期待。有些行為過去會被忽略或至少容忍，例如職場上的貶抑言論、種族歧視、霸凌、性別歧視，現在都會被揪出來撻伐。

同時，不道德的商業作為現在會被仔細檢視（早該這麼做了）。一些舊的做法開始被譴責，諸如不環保的製造技術、剝削勞工、不謹慎或不恰當使用顧客資料等等。在商界，產品或獲利不再是唯一重要的事。一家公司的存在與行事作風受到什

麼價值觀激勵，也就是公司的品格，現在成了長期成功發展的必要元素。

因為此一現代文化趨勢的改變，影響力和品格的關係比以前更密切。光是以言語支持對的信念不再足夠，你還必須在日常生活中體現那些信念：包括你如何對待周遭的人，如何與你的社群和同事互動，如何尊重那些來自不同文化、背景、傳統的人。我們的新規範才剛開始成形，還有很多進步的空間。

◇ 今日社會很需要有深度的說服力

綜觀形塑今日社會文化的各種因素，更凸顯我們迫切需要努力成為更有深度的說服者。有效說服他人的第一步是努力培養自己的性格特質。如果你要發揮影響力，你必須成為人們真心想要同意的那種人──獨特、慷慨、富同理心、有深度。培養以下的習慣將有助於鍛鍊說服力。

習慣一：**「做奇特的自己」**，別人會看到你是一個獨特的人，而不是虛偽或善操縱的人。

習慣二：**「說故事很有力量」**，能夠幫助你以不同的方式陳述具爭議性的問題，表達你的觀點時能夠讓人產生共鳴。

習慣三：**「絕不要想著成交」**，避免「強迫推銷」，如此可表現出你在乎的不只是自己眼前的利益。

習慣四：**「慷慨付出」**，試著在每一次互動中給予一點東西，如此可奠立合作的基礎。

習慣五：「**正面特質**」能拉攏人，抵銷讓人產生距離的負面情緒。

習慣六：「**一點點尊重**」就能緩和聽眾心中「我們 VS 他們」的敵意念頭。

習慣七：「**重點不是我，而是我們**」，這種心態讓你能從他人的角度看事情。當你能真正同理他人的觀點，你就能依照對方的方式展開討論，引導他們採取新的觀點。

習慣八：「**合作**」能促使別人把你當做團隊的一員，不論現在和未來，都比較有可能站在你這邊。

習慣九：要能「**找出共通點**」，你必須學習看到人與人基本上是相似的，如此可對抗你自己思想上的部落主義傾向，同時感染他人也做出同樣的改變。

習慣十：「**琢磨技能**」的態度讓你做每件事都會展現高度的精熟，自然散發的權威感讓你能發揮實質的影響力。

習慣十一：「**成為鼓舞他人的力量**」，幫助他人超越平常的侷限，加入你的行列，一起投入有意義的志業。

很重要的一點是，做這些練習不能只是表面功夫。這些練習要能成為說服力的根源，必須深深融入你的日常生活，到了不費力氣、自然而然、潛意識去做的程度，亦即發自真性情。

四大原則和十一項練習會讓你成為更正面、更快樂的人，人生過得更充實。這些特質也會讓你在個人和職場上的各種情況中都更能發揮影響力。

鍛鍊自己的品格也許不是展現影響力的最短路徑，但這是最有效的。

　　如果你認同做一個更獨特、慷慨、富同理心、有深度的人是有價值的，那就表示你已經被說服了。

▌鳴謝

本書是依據個人故事、角色楷模、廣告實例和深入調查寫成的。我很感謝家人、朋友、同事協助我完成這樁工程。

本書的幕後功臣包括：羅伯、格雷琴、史蒂芬和茱莉亞。另外要感謝 Random House/Currency 的出版團隊，以及我最出色的編輯羅傑。

凱倫和兩個兒子柯爾、傑特對我很有耐心，提供許多聰明的建議，我的父母查克和珊蒂以及姊姊史黛西提供不少意見，都讓我心存感謝。還要感謝 Mekanism 的整個事業家族，尤其是共事十三年的第一代夥伴湯米、伊恩和彼得。感謝麥可、湯姆和布蘭登的指導，梅根和艾瑪的行銷長才，以及妮娜的支持。

也要謝謝費里斯（Tim Ferriss）和哈樂代（Ryan Holiday）的努力帶給我源源不絕的靈感。

▌ 註釋

前言

1. "Public Trust in Government: 1958–2017," Pew Research Center, December 14, 2017; Art Swift, "Democrats' Confidence in Mass Media Rises Sharply from 2016," Gallup, September 21, 2017.

2. Casey Newton, "America Doesn't Trust Facebook," The Verge, October 27, 2017.

3. Natalie Jackson and Grace Sparks, "A Poll Finds Most Americans Don't Trust Public Opinion Polls," *Huffington Post*, March 31, 2017.

4. Frank Newport, "Congress Retains Low Honesty Rating," Gallup, December 3, 2012.

第一章

1. Rob Sheffield, "Thanks, Starman: Why David Bowie Was the Greatest Rock Star Ever," *Rolling Stone*, January 11, 2016.

2. https://www.nytimes.com/2018/08/29/obituaries/lindsay - kemp- dead.html; https://www.theguardian.com/music /2016/jan/11/ david- bowie- death- worldwide- tributes- death - work- of- art.

3. Christopher Mcquade, " 'I Loathed It': What David Bowie Learned

from His Brief Spell in Adland," The Drum, Janu-ary 11, 2016.

4. Angela Natividad, "Alligator, Space Invader: The Many Faces of David Bowie in Advertising," *Adweek*, January 11, 2016.

5. Aristotle, *Rhetoric*, trans. W. Rhys Roberts, I.2.

6. Leanne ten Brinke, Dayna Stimson, and Dana R. Carney, "Some Evidence for Unconscious Lie Detection," *Psychological Science* 25, no. 5 (2014).

7. ten Brinke, Stimson, and Carney, "Some Evidence."

8. Pamela Tom, "The Unconscious Mind Can Detect a Liar— Even When the Conscious Mind Fails," news release, Haas School of Business, University of California, Berkeley, March 27, 2014.

9. Paul C. Price and Eric R. Stone, "Intuitive Evaluation of Likelihood Judgment Producers: Evidence for a Confidence Heuristic," *Journal of Behavioral Decision Making* 17, no. 1 (2004): 39– 57.

10. Lawrence Hosman, "Powerful and Powerless Speech Styles and Their Relationship to Perceived Dominance and Con-trol," in *The Exercise of Power in Communication: Devices, Recep-tion and Reaction*, edited by Rainer Schulze and Hanna Pishwa, 221– 232 (New York: Palgrave Macmillan, 2015).

11. https://video.foxnews.com/v/5309865225001/#sp- show- clips.

12. Ezequias Rocha, "Sean McCabe," *Medium*, March 8, 2013.

第二章

1. Yuval Noah Harari, "Power and Imagination," http://www .ynharari. com/topic/power- and- imagination.

2. Daniel Smith et al., "Cooperation and the Evolution of Hunter-Gatherer Storytelling," *Nature Communications* 8 (2017): 1853.

3. Donald T. Phillips, *Lincoln on Leadership: Executive Strategies for Tough Times* (New York: Warner Books, 1992), 155.

4. Donald T. Phillips, *Lincoln Stories for Leaders: Influencing Others Through Storytelling* (Arlington, TX: Summit, 1997).

5. Doris Kearns Goodwin, *Team of Rivals: The Political Genius of Abraham Lincoln* (New York: Simon and Schuster, 2006), 713.

6. "Kiss— America's #1 Gold Record Award Winning Group of All Time," news release, Recording Industry Association of America, September 15, 2015.

7. Mikey Baird, "Top 10 Krazy Kiss Merchandise," *Hit the Floor Magazine*, May 14, 2014; Kiss action figures: http:// www . kissarmywarehouse.com/action_figures_and_toys/; pocket knives: https://www.budk.com/KISS- Black-Folding - Knife - in-Collectible- Tin- 14990; lip balm: http://www.kiss army warehouse. com/the- spaceman- blister- pack- lip- balm/; bank checks: https:// www.bradfordexchangechecks.com /products/1801119001-KISSand153- Personal- Check- Designs .html.

8. Keith Caulfield, "15 Surprising Artists Without a No. 1 Album," *Billboard*, August 11, 2014.

9. Melanie C. Green and Timothy C. Brock, "The Role of Transportation in the Persuasiveness of Public Narratives," *Journal of Personality and Social Psychology* 79, no. 5 (2000): 701– 721.

10. Jennifer Aaker, "How to Use Stories to Win Over Others" (video), Lean In, https://leanin.org/education/harnessing- the- power- of- stories; Cody C. Delistraty, "The Psychological Comforts of Storytelling," *The Atlantic*, November 2, 2014.

11. Gus Cooney, Daniel T. Gilbert, and Timothy D. Wilson, "The Novelty Penalty: Why Do People Like Talking About New Experiences but Hearing About Old Ones?," *Psychological Science* 28, no. 3 (2017): 380– 394.

12. Cooney, Gilbert, and Wilson, "The Novelty Penalty."

13. Cooney, Gilbert, and Wilson, "The Novelty Penalty."

14. Jonathan Haidt, *The Righteous Mind: Why Good People Are Divided by Politics and Religion* (New York: Vintage, 2013), 328.

第三章

1. Tom Peters, "The Brand Called You," *Fast Company*, Au-gust 31, 1997.

2. "Maximizing Your Personal Brand," course MKSB1- CE8500, School

of Professional Studies, New York University; results of a search on "personal branding" at Coursera, https://www .coursera.org/cours es?languages=en&query=personal%20 branding.

3. Stacey Ross Cohen, "Personal Branding: A Must for the College-Bound, CEO and Everyone in Between," *Huffington Post*, updated December 6, 2017.

4. https://www.meaningful- brands.com/en.

5. Sivan Portal, Russell Abratt, and Michael Bendixen, "Build-ing a Human Brand: Brand Anthropomorphism Unravelled," *Business Horizons* 61, no. 3 (2018): 367–374.

6. " 'I Am a Brand,' Pathetic Man Says," *The Onion*, Novem-ber 29, 2012.

7. Tristan Cooper, "McDonald's Let the Internet Create Their Own Burgers and Guess What Happened," Dorkly, July 20, 2016.

8. Connor Simpson, "The Internet Wants to Send Pitbull to an Alaskan Walmart," *Atlantic*, June 30, 2012; Sophie Schil-laci, "Pitbull 'Exiled' to Alaska, Poses with Stuffed Bear at Walmart," *Hollywood Reporter*, July 30, 2012.

9. Todd Wasserman, "Congrats, Internet: Pitbull Is Going to Alaska," Mashable, July 17, 2012.

10. "Global Trust in Advertising: Winning Strategies for an Evolving Media Landscape," Nielsen, September 2015.

11. Joshua David Stein, "The Unfamous Man Who Made Every-thing Famous," *GQ*, October 5, 2016. 12. "How a Punch in the Face Sparked Shep Gordon's Incredible Hollywood Career," CBS News, November 12, 2016.

13. Melissa Gomez, "They Bought a Ghost Town for $1.4 Mil-lion. Now They Want to Revive It," *New York Times*, July 18, 2018.

14. Elaine Walster and Leon Festinger, "The Effectiveness of 'Overheard' Persuasive Communications," *Journal of Abnormal and Social Psychology* 65, no. 6 (1962): 395–402.

15. Brendan Gahan, "Limbic Resonance—The Science Behind the Success of YouTubers," December 2, 2014, http://brendangahan .com/limbic-resonance-science-behind-success-youtubers.

16. Rip Empson, "Twitter Buys TweetDeck for $40 Million," TechCrunch, May 23, 2011; Jason Kincaid, "Twitter Acquires Tweetie," TechCrunch, April 9, 2010.

17. "How to Make Ads That Even Savvy Customers Trust," Kellogg Insight, Kellogg School of Management, Northwestern University, April 13, 2017.

第四章

1. Robert B. Cialdini, *Influence: Science and Practice* (Boston: Pearson, 2009), 13.

2. "Principles of Persuasion" (video), https://www.influenceat work. com/principles-of-persuasion.

3. Christian Smith, "What Makes Us Generous?," news release, University of Notre Dame, May 27, 2014.

4. Acts 20:35.

5. Richard Alan Krieger, ed., *Civilization's Quotations: Life's Ideal* (New York: Algora, 2007).

6. Jordan Michael Smith, "Want to Be Happy? Stop Being So Cheap!," *New Republic*, September 21, 2014; Elizabeth W. Dunn, Lara B. Aknin, and Michael I. Norton, "Prosocial Spending and Happiness: Using Money to Benefit Others Pays Off," *Current Directions in Psychological Science* 23, no. 1 (2014): 41–47; Ashley V. Whillans, Elizabeth W. Dunn, Gillian M. Sandstrom, Sally S. Dickerson, and Ken M. Madden, "Is Spending Money on Others Good for Your Heart?," *Health Psychology* 35, no. 6 (2016): 574–583; Elizabeth Renter, "What Generosity Does to Your Brain and Life Expectancy," *US News and World Report*, May 1, 2015.

7. Andrew W. Delton, Max M. Krasnow, Leda Cosmides, and John Tooby, "Evolution of Direct Reciprocity Under Uncertainty Can Explain Human Generosity in One-Shot Encounters," *PNAS* 108, no. 32 (2011): 13335–13340.

8. Geoffrey Forden, "False Alarms in the Nuclear Age," PBS, November

6, 2001; David Wright, "A Nuclear False Alarm That Looked Like the Real Thing," Union of Concerned Scientists, November 9, 2015.

9. Christian B. Miller, "True Generosity Involves More than Just Giving," Aeon, May 4, 2018.

第五章

1. Robert Mann, "How the 'Daisy' Ad Changed Everything About Political Advertising," *Smithsonian Magazine*, April 13, 2016.

2. Daniel J. O'Keefe and Jakob D. Jensen, "Do Loss-Framed Persuasive Messages Engender Greater Message Processing than Do Gain-Framed Messages? A Meta-Analytic Review," *Communication Studies* 59, no. 1 (2008): 51–67.

3. Stanley Schachter and Jerome E. Singer, "Cognitive, Social, and Physiological Determinants of Emotional State," *Psychological Review* 69, no. 5 (1962): 379–399.

4. John B. Judis, "Nobody Likes Mitt," *New Republic*, September 13, 2012.

5. Lynda Mae, Donal E. Carlston, and John J. Skowronski, "Spontaneous Trait Transference to Familiar Communications: Is a Little Knowledge a Dangerous Thing?," *Journal of Personality and Social Psychology* 77, no. 2 (1999): 233–246.

6. Alison Wood Brooks, "Get Excited: Reappraising Pre-Performance

Anxiety as Excitement," *Journal of Experimental Psychology* 143, no. 3 (2014): 1144–1158.

第六章

1. Christine Porath, "Half of Employees Don't Feel Respected by Their Bosses," *Harvard Business Review*, November 19, 2014.

2. "The Rescue of Deputy Moon: Hero Inmates Save Lone Guard as He's Choked by Prisoner in Violent Attack," *Daily Mail*, November 6, 2009.

3. "Inmates Recount How They Saved Deputy from Attack," *Tampa Bay Tribune*, November 5, 2009.

4. Quoted in Edward Alexander Westermarck, *Christianity and Morals* (1931; New York: Routledge, 2013).

5. "The Sentences of Sextus," trans. Frederik Wisse, Nag Hammadi Library, Gnostic Society Library, http://www.gnosis.org / naghamm/sent.html.

6. Quoted in Westermarck, *Christianity and Morals*, 71.

7. Leviticus 19:18.

8. E. M. Bowden, comp., *The Essence of Buddhism* (Girard, KS: Haldeman-Julius, 1922).

9. Gurcharan Das, "Draupadi's Question: Lessons for Public and Corporate Governance," in *Textuality and Inter-Textuality in the*

Mahabharata, edited by Pradeep Trikha (New Delhi: Sarup and Sons, 2006), 121.

10. Jeffrey Wattles, *The Golden Rule* (New York: Oxford University Press, 1996), 192.

11. Porath, "Half of Employees Don't Feel Respected by Their Bosses."

12. William Safire, "On Language: The Elision Fields," *New York Times Magazine*, August 13, 1989.

13. Mariek Vanden Abeele, Marjolijn Antheunis, and Alexander Schouten, "The Effect of Mobile Messaging During a Conversation on Impression Formation and Interaction Quality," *Computers in Human Behavior* 62 (2016): 562–569.

14. Varoth Chotpitayasunondh and Karen M. Douglas, "The Effects of 'Phubbing' on Social Interaction," *Journal of Applied Social Psychology* (online), January 24, 2018, DOI: 10.1111/jasp.12506.

15. Suzanne Wu, "Was It Smart to Use Your Phone at That Meeting?," news release, University of Southern California, October 24, 2013.

16. Andrea Park, "Disney Drops Director James Gunn from 'Guardians of the Galaxy' over Offensive Tweets," CBS News, July 20, 2018.

17. Alison Mitchell, "Impeachment: The Overview—Clinton Impeached; He Faces a Senate Trial, 2d in History; Vows to Do Job till Term's 'Last Hour,' " *New York Times*, December 20, 1998.

18. "Anthony Weiner Scandal: A Timeline," CNN, updated August 30, 2016.

第七章

1. Shanto Iyengar, Gaurav Sood, and Yphtach Lelkes, "Affect, Not Ideology: A Social Identity Perspective on Polarization," *Public Opinion Quarterly* 76, no. 3 (2012): 405–431.

2. Lynn Vavreck, "A Measure of Identity: Are You Married to Your Party?," *New York Times*, January 31, 2017.

3. "Trayvon Martin Shooting Fast Facts," CNN, updated June 5, 2013.

4. Amy Davidson Sorkin, " 'If I Had a Son, He'd Look Like Trayvon,' " *New Yorker*, March 23, 2012.

5. Sorkin, " 'If I Had a Son.' "

6. Bill Demain, "Ten Days in a Madhouse: The Woman Who Got Herself Committed," Mental Floss, May 2, 2011.

7. "Empathy Is Key to Political Persuasion, Shows New Research," news release, Rotman School of Management, University of Toronto, November 11, 2015.

8. "Empathy Is Key to Political Persuasion."

9. "Empathy Is Key to Political Persuasion."

10. Cal Fussman, "5 Tips to Develop Your Own Big Questions,"

https://convertkit.s3.amazonaws.com/landing_pages /
incentives/000/361/656/original/CalFussman_5Tips.pdf
?1533062919.

11. Richard Feldman, "Charity, Principle Of," *Routledge Encyclopedia of Philosophy* (online).

第八章

1. Henri Tajfel, "Social Psychology of Intergroup Relations," *Annual Review of Psychology* 33 (1982): 23.

2. James H. Stark and Douglas N. Frenkel, "Changing Minds: The Work of Mediators and Empirical Studies of Persuasion," *Ohio State Journal on Dispute Resolution* 28 (2013): 263– 356.

3. E. Aronson, "The Power of Self- Persuasion," *American Psychologist* 54, no. 11 (1999): 875– 884.

4. https://psycnet.apa.org/record/1970- 10278- 001.

5. Pew Research Center, "Changing Attitudes on Gay Mar-riage," June 26, 2017.

6. "In- Depth Topics A to Z: Marriage," Gallup, https://news .gallup.com/poll/117328/marriage.aspx.

7. Adam Liptak, "Supreme Court Ruling Makes Same- Sex Mar-riage a Right Nationwide," *New York Times*, June 27, 2015.

8. Alex Tribou and Keith Collins, "This Is How Fast America Changes

Its Mind," Bloomberg, updated June 26, 2015.

9. Pew Research Center, "Where the Public Stands on Religious Liberty vs. Nondiscrimination," September 28, 2016.

10. Daniel Cox and Harmeet Kamboj, "How Social Contact with LGBT People Impacts Attitudes on Policy," Public Religion Research Institute, June 7, 2017.

11. Joe Otterson, "TV Ratings: Super Bowl LII Slips 7% from 2017 to 103.4 Million Viewers," *Variety*, February 5, 2018.

12. Bradley Johnson, "Big Game Punting: Super Bowl Scores $5.4 Billion in Ad Spending over 52 Years," *Ad Age*, Janu-ary 11, 2018.

13. Tanza Loudenback, "Middle- Class Americans Made More Money Last Year than Ever Before," *Business Insider*, Septem-ber 12, 2017.

14. Ben Franklin, *The Autobiography of Ben Franklin*, ed. Frank Woodward Pine (New York: Henry Holt, 1916), Chapter X.

15. Yu Niiya, "Does a Favor Request Increase Liking Toward the Requester?," *Journal of Social Psychology* 156, no. 2 (2016): 211–221.

16. Shana Lebowitz, "A Psychologist Says a Small Tweak to the Questions You Ask Your Boss Can Make Them Think Better of You," *Business Insider*, September 15, 2016.

17. Wendy Liu and David Gal, "Bringing Us Together or Driving Us Apart: The Effect of Soliciting Consumer Input on Consumers'

Propensity to Transact with an Organization," *Journal of Consumer Research* 38, no. 2 (2010): 242.

18. "All the Great Mad Men Era Volkswagen Ads," BuzzFeed, September 1, 2013.

第九章

1. National Human Genome Research Institute, "Frequently Asked Questions About Genetic and Genomic Science," https://www. genome.gov/19016904/faq-about-genetic-and -genomic-science.

2. Sha Be Allah, "Today in Hip Hop History: Kool Herc's Party at 1520 Sedgwick Avenue 45 Years Ago Marks the Foundation of the Culture Known as Hip Hop," *The Source*, August 11, 2018.

3. Amos Barshad, "Rude Boys," *New York Magazine*, April 24, 2011.

4. Sha Be Allah, "Today in Hip-Hop History: Run-DMC Drops 'Walk This Way' Featuring Aerosmith 31 Years Ago," *The Source*, July 4, 2017.

5. Samir Meghelli, "Hip-Hop à la Française," *New York Times*, updated October 15, 2013; Johann Voigt, "From Russia with Flow: How Rap Became Russia's Most Important Genre," *Noisey*, March 22, 2018; Victoria Namkung, "Seoul's Bumping BBoy Scene," *New York Times*, December 16, 2017; P. Khalil Saucier and Kumarini Silva, "Keeping It Real in the Global South: Hip-Hop Comes to Sri

Lanka," *Critical Sociology* 40, no. 2 (2014): 295–300.

6. JayZ, *Decoded* (New York: Spiegel & Grau, 2010).

7. Nick Joyce and Jake Harwood, "Context and Identification in Persuasive Mass Communication," *Journal of Media Psychology* 26, no. 1 (2014): 50–57.

8. Naina Bajekal, "Silent Night: The Story of the World War I Christmas Truce of 1914," *Time*, December 24, 2014.

9. David Brown, "Remembering a Victory for Human Kindness," *Washington Post*, December 25, 2004.

10. Nadège Mougel, "World War I Casualties," trans. Julie Gratz, Centre Européen Robert Schuman, 2011.

11. Peter Kaufman, "The Similarities Project," *Everyday Sociology Blog*, December 5, 2011, http://www.everydaysociologyblog.com/2011/12/the-similarities-project.html.

12. Kaufman, "The Similarities Project."

13. Kaufman, "The Similarities Project."

14. Dan Primack, "Unilever Buys Dollar Shave Club for $1 Billion," *Fortune*, July 19, 2016.

第十章

1. Anita Elberse and Jeroen Verleun, "The Economic Value of Celebrity Endorsements," *Journal of Advertising Research*, June

2012, 149–165.

2. Kenneth T. Walsh, "Tom Hanks Is Most Trusted American, Obama Far Behind," *US News and World Report*, May 9, 2013.

3. Tim Ferriss, "How to Breakdance 101: Unleash Your Inner BBoy," October 25, 2009, https://tim.blog/2009/10/25/how -to-breakdance-101; Tim Ferriss, "How to Lose 30 Pounds in 24 Hours: The Definitive Guide to Cutting Weight," January 18, 2008, https://tim.blog/tag/dehydration.

4. "Hack," Techopedia, https://www.techopedia.com/definition /27859/hack-development.

5. Nat Eliason, "No More 'Struggle Porn,' " Medium, October 18, 2018.

6. "Company Info," Patagonia, https://www.patagonia.com/company-info.html.

7. Jon Porter, "The New MacBook Air and Mac Mini Are Made of 100 Percent Recycled Aluminum," The Verge, October 30, 2018; Nick Statt, "Apple Says It's Now Powered by 100 Percent Renewable Energy Worldwide," The Verge, April 9, 2018.

8. Walmart, "2018 Global Responsibility Report."

9. K. Anders Ericsson, Michael J. Prietula, and Edward T. Cokely, "The Making of an Expert," *Harvard Business Review*, July–August 2007.

10. Mike Berardino, "Mike Tyson Explains One of His Most Famous Quotes," *Sun-Sentinel*, November 9, 2012.

第十一章

1. Andrew Wolfson, "Muhammad Ali Lost Everything in Opposing the Vietnam War. But in 1968, He Triumphed," *USA Today*, February 19, 2018.

2. Jim Weeks, "How Muhammad Ali Stunned the World at the Rumble in the Jungle," Vice Sports, June 29, 2017.

3. Stephanie Merry, "Her Shocking Murder Became the Stuff of Legend. But Everyone Got the Story Wrong," *Washington Post*, June 29, 2016.

4. John M. Darley and Bibb Latané, "Bystander Intervention in Emergencies: Diffusion of Responsibility," *Journal of Personality and Social Psychology* 8 (1968): 377–383.

5. Darley and Latané, "Bystander Intervention in Emergencies."

6. Jennifer M. Wood, "15 Inspiring Quotes from Rosa Parks," Mental Floss, February 4, 2018.

7. "63 Years Ago, Rosa Parks Stood Up for Civil Rights by Sitting Down," CNN, December 1, 2018.

8. U.S. Green Building Council, "Up-to-Date, Official Statistics About USGBC Programs," October 2017, https://www.usgbc .org/articles/ usgbc-statistics.

9. U.S. Green Building Council, "Benefits of Green Building," https:// www.usgbc.org/articles/green-building-facts.

10. U.S. Green Building Council, "Benefits of Green Building."

11. Mairi Beautyman, "Write Your Own Eulogy, Says Father of LEED David Gottfried to a Crowd in Las Vegas," TreeHugger, June 17, 2008.

12. Better Make Room, https://www.bettermakeroom.org; Stand Stronger, https://committocitizenship.org; The United State of Women, https://www.theunitedstateofwomen.org.

13. "About Dr. King Overview," The King Center, http://www .thekingcenter.org/about-dr-king; Emily Wax, "Martin Luther King's Nonviolent Civil Rights Efforts Still Inspire Across Globe," *Washington Post*, July 27, 2011.

14. "About StreetVet," https://www.streetvet.co.uk/about.

15. "About T|H Models," http://www.tihmodels.com/about.

16. Penelope Lockwood and Ziva Kunda, "Superstars and Me: Predicting the Impact of Role Models on the Self," *Journal of Personality and Social Psychology* 73, no. 1 (1997): 91–103.

人生顧問 400

深度說服力：培養 11 項讓人打從心底相信你的人格特質

作　　者—傑森哈里斯 Jason Harris
譯　　者—張美惠
主　　編—李筱婷
企　　劃—王聖惠
封面設計—兒日設計

董 事 長—趙政岷
出 版 者—時報文化出版企業股份有限公司
　　　　　108019 台北市和平西路三段 240 號 4 樓
　　　　　發行專線— (02)2306-6842
　　　　　讀者服務專線— 0800-231-705・(02)2304-7103
　　　　　讀者服務傳真— (02)2304-6858
　　　　　郵撥— 19344724 時報文化出版公司
　　　　　信箱— 10899 臺北華江橋郵局第 99 信箱
時報悅讀網— http://www.readingtimes.com.tw
時報出版愛讀者—http://www.facebook.com/readingtimes.fans
法律顧問—理律法律事務所 陳長文律師、李念祖律師
印　　刷—勁達印刷有限公司
初版一刷—二〇二〇年八月七日
初版三刷—二〇二一年九月十三日
定　　價—新台幣三六〇元
（缺頁或破損的書，請寄回更換）

時報文化出版公司成立於一九七五年，
並於一九九九年股票上櫃公開發行，於二〇〇八年脫離中時集團非屬旺中，
以「尊重智慧與創意的文化事業」為信念。

深度說服力：培養 11 項讓人打從心底相信你的人格特質 / 傑森哈里斯 (Jason Harris)
　　作；張美惠譯 . -- 初版 . -- 臺北市：時報文化，2020.08
　　304 面 ;14.8x21 公分 . -- (人生顧問；400)

譯自：The soulful art of persuasion : the 11 habits that will make anyone a master influencer

ISBN 978-957-13-8302-6(平裝)

1. 人際關係 2. 人際傳播 3. 人格特質

177.3　　　　　　　　　　　　　　　　　　　　　　　　　　109010535

The Soulful Art of Persuasion by Jason Harris
Copyright © 2019 by Jason Harris
This translation published by arrangement with Currency, an imprint of Random House, a division of Penguin
Random House LLC
through Andrew Nurnberg Associates International Limited.
Complex Chinese edition copyright © 2020 by China Times Publishing Company
All rights reserved.

ISBN 978-957-13-8302-6

Printed in Taiwan